L'ENSEIGNEMENT SECONDAIRE

dans le Département du Nord

PENDANT LA RÉVOLUTION

1789-1802

THÈSE

PRÉSENTÉE

A LA FACULTÉ DES LETTRES DE L'UNIVERSITÉ DE LILLE

PAR

Joseph PETER

DIPLÔMÉ D'ÉTUDES SUPÉRIEURES
PROFESSEUR A L'ÉCOLE LIBRE JEANNE D'ARC (LILLE)

LILLE

LIBRAIRIE GIARD

2, rue Royale

—

1912

L'ENSEIGNEMENT SECONDAIRE

dans le Département du Nord

PENDANT LA RÉVOLUTION

1789 - 1802

397

L'ENSEIGNEMENT SECONDAIRE

dans le Département du Nord

PENDANT LA RÉVOLUTION

1789-1802

———————◇———————

THÈSE

PRÉSENTÉE

A LA FACULTÉ DES LETTRES DE L'UNIVERSITÉ DE LILLE

PAR

Joseph PETER

DIPLÔMÉ D'ÉTUDES SUPÉRIEURES
PROFESSEUR A L'ÉCOLE LIBRE JEANNE D'ARC (LILLE)

LILLE
LIBRAIRIE GIARD
2, rue Royale

—

1912

INTRODUCTION

Nous nous proposons ici d'écrire l'histoire de l'enseignement secondaire pendant la Révolution dans le département qui est alors le plus peuplé de France. C'est une œuvre essentiellement historique que nous présentons, établie sur les documents originaux, aussi précise et impartiale que possible. Après avoir exposé l'état de l'enseignement secondaire en 1789 dans les trois provinces de Flandre, de Cambrésis et de Hainaut, qui devaient former le département du Nord, nous étudierons comment, sans promulguer de loi proprement dite contre les collèges de l'Ancien régime, l'Assemblée constituante et l'Assemblée législative leur portèrent un coup mortel ; puis les résultats, dans le département, des efforts qui furent tentés pour organiser un enseignement secondaire établi par la Convention sur de nouvelles bases.

Aucune œuvre d'ensemble n'a été écrite, jusqu'à ce jour, sur cette histoire de l'enseignement secondaire dans le département du Nord : c'est donc dans les documents d'Archives que nous avons puisé la plupart de nos renseignements.

I. — Les ARCHIVES NATIONALES ne contiennent qu'un petit

nombre de pièces : série moderne, 2 liasses : F[17] 1311[b] et F[17] 1315 B. Cette dernière renferme un *Tableau de l'Instruction publique dans le district de Quesnoy*, dressé et signé par l'assemblée de ce district, le 3 juillet 1792.

II. — LES ARCHIVES DÉPARTEMENTALES DU NORD sont beaucoup plus riches. Elles comprennent, dans la série L, de nombreux registres du Directoire et du Conseil général du département, notamment du quatrième bureau, à qui était confiée l'administration des services de l'assistance publique, des prisons et de l'enseignement secondaire et primaire.

> *Agendas du quatrième bureau*, registres 292 à 295 ; 390 à 396.
> *Registres de correspondance générale du quatrième bureau*, 251 à 281.
> *Registres aux procès-verbaux des séances de l'administration centrale du département du Nord*, 106 à 124.
> *Délibérations et arrêtés du Directoire départemental*, 137 à 233.

Il s'y trouve aussi des pièces détachées, rassemblées depuis quelques mois seulement, en une série de vingt-six liasses. Nos recherches étaient presque terminées lorsque M. Bruchet, archiviste départemental, fit procéder à un nouveau classement de la série L. Tous les documents relatifs à un même collège se trouvent aujourd'hui mis ensemble dans une même liasse et non plus groupés, comme précédemment, d'après l'administration (des districts ou du département) dont ils émanaient. Ce classement sur les avantages duquel il est inutile d'insister, était pour nous un contre-temps fâcheux, puisque, à cause de lui, la plupart des cotes que nous avions relevées devenaient inexactes. Pour en atténuer

l'effet malheureux dont on voudra bien ne pas nous
tenir rigueur, nous donnons ci-dessous les numéros
des nouvelles liasses dans lesquelles ont été répartis
les documents se rapportant à un même établissement d'instruction :

Collège d'Avesnes	. . . .	4821
— de Bailleul	. . . .	4822
— de Bavay	. . . . . .	4823
— de Bergues	. . . . . .	4824 / 6275 et 6276
— de Bouchain	. . . . .	4825
— de Cambrai	. . . . . .	4826
— de Cassel	. . . . . .	4827
— de Douai	. . . . . .	4828
— de Dunkerque	. . . . .	4829
— d'Estaires	. . . . . .	4830
— d'Hazebrouck	. . . . .	4831
— du Quesnoy	. . . . . .	4832
— de Lille	. . . .	4833
— de Maubeuge	. . . . .	4834
— de Merville	. . . . . .	4835
— d'Orchies	. . . .	4836
— de Valenciennes	. . . .	4837
Bourses diverses	. . . .	4838
Ecole centrale	. . . .	4840 / 4841 / 4842
Bibliothèque et collections d'instruments de physique, de chimie, de géographie, donnés à l'Ecole centrale ; jardin botanique.		4843 à 4846

Grâce à cette table de concordance à laquelle le
lecteur voudra bien se reporter quand les cotes

désigneront les liasses de la série L, il sera facile de retrouver les documents que nous avons utilisés.

A ces registres et à ces liasses, il faut joindre quelques placards de la série L, cotés 4/1 à 6, 70/9, 102/24, 106/4 (1), et quelques liasses de la série D, intéressant les anciens collèges d'Anchin (310 à 337), de Lille (434 à 473), d'Armentières (519 à 541), de Dunkerque (543 à 550).

III. — Les dépôts d'Archives des principales villes du département nous ont fourni un certain nombre de renseignements.

ARCHIVES COMMUNALES DE BERGUES :

GG 80 à 99 inclus, 133 à 158 : *Instruction publique. Écoles.*

Carton jaune VI : *Pétition contre le principal Vandenbussche.*

Dossier du collège, 1796-1821.

Six registres des délibérations de la municipalité, du 26 janvier 1790 au 10 novembre 1805 (non numérotés).

Deux registres des délibérations de la Société des Amis de la Constitution, de Bergues.

ARCHIVES COMMUNALES DE DOUAI :

D¹ 1-5, *Registres aux procès-verbaux,* du 31 juillet 1789 au 10 thermidor an III (lacune de l'an III à l'an VIII)

D² 6-10, *Registres de correspondance du maire,* du 27 janvier 1802 au 10 septembre 1803.

D¹ 12 *bis, Procès-verbaux des séances de la Société des*

(1) Le numérateur est le numéro d'une liasse ; le dénominateur, celui d'un dossier.

Amis de la *Constitution*, du 7 août 1791 au 6 septembre 1793.

Section 2, série K, B, carton 1, dos. 3, *Enseignement secondaire* (fonds d'Anchin).

ARCHIVES COMMUNALES DE DUNKERQUE :

Liasse K, 69, *Instruction publique*.

D¹ 1-4, *Registres aux délibérations du Conseil général de la commune*, du 25 janvier 1790 au 11 novembre 1795.

D³ 1-10, *Registre des arrêtés du maire*, du 27 janvier 1790 au 20 septembre 1803.

D¹⁰ 2-6, *Registres de transcription de la correspondance du Conseil général révolutionnaire de Dunkerque*, du 1ᵉʳ mars 1794 au 12 novembre 1795.

ARCHIVES COMMUNALES DE LILLE :

Cartons 164, 165, 166, 167 de la série ancienne.

Registres 3 à 7, *Registres aux délibérations du Conseil général et du corps municipal*.

R¹ 214, *Instruction publique*.

ARCHIVES COMMUNALES DE VALENCIENNES :

Liasses K³, dos. 1 à 7 ; K⁴ dos. 1 à 7, *Instruction publique*.

D¹ 5-7, *Registres aux délibérations du Conseil général de la commune*, à partir du 22 février 1790.

D¹ 8-17, *Registres aux délibérations du Conseil municipal*.

Les Archives communales d'Avesnes ne contiennent rien, celles de Cambrai, bien peu de chose qui puisse se rapporter à l'histoire de l'enseignement secondaire, durant la Révolution. Encore, à Cambrai, les registres aux délibérations ne sont-ils ni cotés, ni complets.

Nous remplissons un agréable devoir de reconnaissance en adressant nos plus vifs remerciements à M. Bruchet, archiviste départemental, pour les services bienveillants qu'il nous a rendus au cours de nos recherches, et à M. l'abbé Fivet, professeur à l'Ecole Jeanne d'Arc, qui a partagé avec nous le labeur matériel inhérent à cette publication. M. Ph. Sagnac, professeur à l'Université de Lille, a bien voulu nous faire profiter de ses conseils : qu'il daigne agréer le témoignage de notre profonde gratitude.

J. P.

Lille, le 2 décembre 1911.

INDEX BIBLIOGRAPHIQUE

I. — LOIS ET DÉCRETS

DUVERGIER. *Collection complète des lois, décrets, etc...* *depuis 1788* (12 premiers volumes). Paris, 1824, in-8°.

II. — PLANS DE RÉFORME UNIVERSITAIRE AU XVIII° SIÈCLE

a) Plans généraux

D'ALEMBERT. *Encyclopédie* au mot « collège. »

CONDILLAC *Cours d'études*, 1755, t. XV, liv. II, chap. xiv.

CROUZAZ. *Traité sur l'Education des Enfants*, 1722.

GUYTON DE MORVEAU. *Mémoire sur l'Education publique*, 1764.

LA CHALOTAIS. *Essai d'Education nationale ou Plan d'études pour la Jeunesse*. Genève, 1763, in-12°.

LA CONDAMINE. *Lettre critique sur l'Education*, 1751.

ROLLAND. *Plan d'Education*, 1784, in-4°.

ROLLIN. *Traité des Etudes*, 3 vol., 1726.

Plan anonyme d'Education nationale, paru en 1789, in-8°.

b) Plan spécial pour le Nord

CORTYL. (Eug). *Un disciple de Rollin, réformateur de l'enseignement secondaire en Flandre maritime : Alexandre Van de Walle, licencié en théologie, curé de Wormhoudt.* (Annales du Comité Flamand de France, t. XXII, 1895, p. 212-240).

III. — CAHIERS DE 1789

MAVIDAL et LAURENT. *Archives parlementaires*, 1re série, t. I à VII. Paris, 1867-1875. — Publication qui ne manque pas de défauts, mais fournit cependant des renseignements sur les cahiers de la *Noblesse* de Lille, de Bailleul, de Douai, du Hainaut ; du *Clergé* d'Avesnes, de la Métropole de Cambrai, de Saint-Géry de Cambrai ; du *Tiers Etat* de la Flandre maritime, de Douai, du Cambrésis, d'Avesnes ; des *villes* de Cambrai, de Douai, de Valenciennes ; des *trois Ordres* de Douai.

DE SAINT-LÉGER (A.) et SAGNAC (Ph.). *Les Cahiers de la Flandre maritime en 1789*. Paris et Dunkerque, 1906-1910, 3 vol. in-8°. — Cet excellent recueil comprend à peu près tous les cahiers des communautés rurales du pays.

DE COUSSEMACKER (E.). *Elections aux Etats généraux de 1789 dans la Flandre maritime*. (Annales du Comité Flamand de France, t. VII, 1863-1864, p. 182-318. — En même temps qu'il raconte l'élection des délégués du Clergé, de la Noblesse et du Tiers Etat de la Flandre maritime, l'auteur publie les cahiers de trois Ordres de cette province.

BOCQUILLET (A.). *Cahier des vœux, plaintes, doléances et remontrances du Tiers Etat du Hainaut, réuni au grand baillage du Quesnoy* (Bull. de la Soc. d'Etudes de la province de Cambrai, t. VIII, 1906, p. 232-244). — Tous les cahiers de la Flandre wallonne et du Hainaut ne sont pas encore publiés. Il en reste d'inédits aux Archives communales de Valenciennes, de Saint-Amand.

IV. — RAPPORTS SUR L'ENSEIGNEMENT PENDANT LA RÉVOLUTION

GUILLAUME (M.-J.). *Procès-verbaux du Comité d'instruction publique de l'Assemblée législative*. Paris, 1889, in-4°.

— *Procès-verbaux du Comité d'instruction publique de la Convention*. Paris, 1891, 4 vol. in-4°.

V. — STATISTIQUES ET RAPPORTS D'ADMINISTRATEURS

ESMANGART. *Etat par ordre alphabétique des villes, bourgs et hameaux de la généralité de Flandres et d'Artois, formé par les ordres de M. Esmangart, intendant de Flandres et d'Artois*. Lille, 1787, in-4°.

DIEUDONNÉ. *Statistique du département du Nord*. Douai, 1804, 3 vol. in-12.

VI. — OUVRAGES

1° Ouvrages généraux

SICARD (abbé). *Les Etudes classiques avant la Révolution*. Paris, 1887, in-12.

ROCQUAIN (F.). *L'Esprit révolutionnaire avant la Révolution, 1715-1789*. Paris, 1878, in-8°.

ALLAIN (chanoine). *La Question de l'enseignement en 1789, d'après les Cahiers*. Paris, 1886, in-18.

— *Enquête scolaire de 1791-1792*. (Revue des Questions historiques, juillet 1891).

— *L'Œuvre scolaire de la Révolution, 1789-1802. Etude critique de documents inédits*. Paris, 1891, in-12.

— *L'Œuvre scolaire de la Révolution. Les Ecoles centrales de l'an III à l'an X*. Paris, 1883, in-8°.

AULARD. *Napoléon et le Monopole universitaire. Origine et développement de l'Université impériale*. Paris, 1911, in-12.

DURUY (A.). *L'Instruction publique et la Révolution*. Paris, 1882, in-8°.

DREYFUS-BRISAC (Ed.). *L'Instruction publique et la Révolution. Lettre à M. Duruy*. (Rev. internat. de l'Enseignement, 15 avril 1882).

PICAVET (Fr.). *Les Idéologues. Essai sur l'histoire des idées et des théories scientifiques, philosophiques, religieuses, etc. en France, depuis 1789.* Paris, 1891, in-8°.

2° Ouvrages relatifs à la région du Nord

DELAMOTTE (G.) et LOISEL (J.). *Les Origines du lycée de Saint-Omer, Histoire de l'ancien collège (1565-1845).* Calais, 1910, in-8°.

FLAHAULT (R). *Notes et documents pour servir à l'histoire des institutions ecclésiastiques de l'enseignement secondaire à Dunkerque, à partir du XVII° siècle.* 3 fasc. parus. Dunkerque, 1894-1895, in-12.

LECLAIR (Ed.). *L'Ecole centrale de Lille, 1795-1803.* Lille, 1904, in-8°. — Plaquette de 120 pages, dont 15 seulement sont consacrées à une étude superficielle de l'Ecole centrale : le reste contient des pièces justificatives pour la plupart extraites des Archives départementales du Nord.

LECOMTE (abbé). *Histoire du collège de Tourcoing.* Tourcoing, 1870, in-4°.

LENNEL (F.). *L'Instruction primaire dans le département du Nord pendant la Révolution (1789-1802).* Paris, 1909, in-4°.

REGNAULT-WARIN (J.). *Lille ancienne et moderne.* Lille, 1803, in-12.

SAGNAC (Ph.). *Le Serment à la Constitution civile du clergé, Nord et Pas-de-Calais.* (Annales du Nord et de l'Est, 3° année, n° 2, avril 1907, p. 176-188).

DE SAINT-LÉGER (A.). *La Flandre maritime et Dunkerque sous la domination française, 1659-1789.* Paris-Lille. 1900, in-4°.

CHAPITRE PREMIER

L'ENSEIGNEMENT SECONDAIRE A LA FIN
DE L'ANCIEN RÉGIME

Les collèges. — Les professeurs. — Situation matérielle des établissements ; comment ils sont administrés. — Recrutement des professeurs ;
leur traitement. — Gratuité de l'enseignement. — Nombre des élèves.
— L'enseignement : les classes, la discipline, l'esprit religieux ; caractère classique des études ; efforts tentés pour moderniser l'enseignement. — Les cahiers de 1789.

Il n'est point malaisé de déterminer l'état de l'enseignement secondaire à la fin de l'ancien régime, dans les
trois provinces, Flandre, Hainaut, Cambrésis, qui devaient
former le département du Nord. Le préfet Dieudonné a
publié, en l'an XII, une *Statistique du département du
Nord* (1), qui contient des renseignements incomplets, il
est vrai, mais pourtant très précieux, sur les anciens
collèges, le nombre de leurs professeurs, de leurs élèves,
sur le chiffre de leurs revenus ; d'autre part, l'enquête
est facile aux archives de Lille.

D'après l'abbé Sicard (2), l'enseignement secondaire
comptait en France 562 collèges quand éclata la Révolution. Nos trois provinces, à elles seules, en possédaient
26, dispersés sur tout leur territoire.

(1) Dieudonné, préfet, *Statistique du département du Nord.*
Douai, an XII, 3 vol., t. III, p. 139-143.

(2) Sicard, *Les Etudes classiques avant la Révolution.* Paris,
1887, p. 393.

Il en existait 8 dans la Flandre maritime (1), ceux de Dunkerque (2), de Bergues (3), d'Hondschoote (4), de Cassel (5), de Bailleul, d'Hazebrouck (6), d'Estaires (7)

(1) DIEUDONNÉ, *ibid.* — A. DE SAINT-SÉGER, *La Flandre maritime et Dunkerque sous la domination française (1659-1789).* Paris, 1900, p. 340.

(2) Il avait été fondé en 1612, et dirigé par les Jésuites jusqu'à leur expulsion. Les lettres patentes du 6 mars 1769 l'avaient remis aux mains des prêtres séculiers. (A. D. Nord, D, 543, dos. 1, L, 1038, dos. 3, *Lettre de la municipalité de Dunkerque au directoire départemental,* 13 prairial an.IV ; L, 1035 *bis,* dos. 3, *Lettre de la municip. de Dunkerque au direct. départ.,* 13 vendémiaire an VII. — Cf. R. FLAHAULT, *Notes et documents pour servir à l'histoire des institutions ecclésiastiques de l'enseignement secondaire à Dunkerque, à partir du XVIIᵉ siècle,* 1ᵉʳ fascicule. Dunkerque, 1891, p. 9. — DIEUDONNÉ, *ibid.,* p. 139).

(3) Aux Jésuites jusqu'en 1765. (A. D. Nord, L, 6275, *État de l'enseignement à Bergues,* 8 mars 1792, orig. pap. ; L, 1038, dos.3, *Lettre du Ministre des finances aux administrateurs du département du Nord,* 14 nivôse an VII. — DIEUDONNÉ, *ibid.,* p. 139).

(4) Il s'appelait collège Saint-Joseph, et avait été fondé en 1712. (A. D. Nord, L, 6275, dos. 2, *État de l'enseignement à Hondschoote,* 7 décembre 1790. — DIEUDONNÉ, *ibid.*).

(5) Autrefois aux Jésuites. Après leur départ, l'édit de 1767 réunit le collège de Cassel à celui de Bailleul, et ne laissa subsister, en sa place, qu'une *pédagogie,* c'est-à-dire un établissement d'enseignement pour les classes inférieures. Pour dédommager les habitants, l'édit créait, au collège de Bailleul, un certain nombre de bourses destinées aux jeunes gens de Cassel (A. D. Nord, L, 1031, dos. 2).
La pédagogie fut confiée à des prêtres séculiers, puis aux Récollets qui habitaient au sommet du mont Cassel en 1770. (A. D. Nord, L, 1031, dos. 2, *Lettre de la municip. de Cassel au direct. départ.,* 10 août 1791 ; L, 263, fᵒ 23 vᵒ, *Lettre du direct. départ. au district d'Hazebrouck,* 30 décembre 1791; L, 267, fᵒ 36vᵒ, fᵒ 113, *Lettres du direct. départ. à la municip. de Cassel,* 12 octobre 1791; L, district d'Hazebrouck, 271, p. 177, *Lettre du district d'Hazebrouck à la municip. de Cassel,* 28 décembre 1792. — DIEUDONNÉ, *ibid.,* p. 139.

(6) A. D. Nord, L, district d'Hazebrouck, 17, p. 177, *Lettre du district d'Hazebrouck au direct. départ.,* 28 décembre 1792; L, district d'Hazebrouck, 61, *Réponse du district d'Hazebrouck à la lettre de la Commission exécutive de l'instruction publique,* 6 brumaire an III.

(7) Fondé en 1620. Pour subvenir aux dépenses de cette création, qui était tout entière à sa charge, la ville se fit autoriser, par

et de Merville (1).

La Flandre française n'était pas moins bien pourvue. Lille avait, en 1789, 2 établissements d'instruction très anciens : le collège Saint-Pierre, établi en 1090 par la collégiale du même nom, confirmé par le pape Sixte-Quint en 1587, et l'année suivante par Philippe II, roi d'Espagne (2), et le collège de la ville, fondé en 1535 par les magistrats sous le nom d'*Ecole latine des magistrats*, confiée aux Jésuites en 1592, rouvert, après leur départ, le 1er avril 1765, confirmé en 1767, et transféré en 1781 dans les bâtiments de l'hôpital militaire, situé place aux Bleuets (3). Armentières jouissait d'une *pédagogie* (4) :

lettres patentes du comte de Flandre, en date du 23 juillet 1620, à vendre une partie des biens de sa maladerie. Puis, afin de soulager les pauvres, lésés par cette vente, elle contracta, le 18 mai 1622, un emprunt de 6 000 florins. (A. D. Nord, 1031, dos. 3, *Copie d'une lettre de la municip. d'Estaires au direct. départ., s. d.*).

(1) Erigé par lettres patentes de 1720. (A. D. Nord, 1031, dos. 5, *Lettre de la municip. de Merville au direct. départ.*, 20 novembre 1790; L, 390, f° 16 v., *Lettre du direct. du district d'Hazebrouck*, 25 novembre 1790. — DIEUDONNÉ, *ibid.*, p. 139). — Outre ces huit collèges de la Flandre maritime, il faut mentionner celui de Watten, dirigé par des Jésuites anglais qui donnaient l'enseignement à des élèves anglais, français et flamands. En 1761, quelques professeurs se sécularisèrent et continuèrent d'enseigner pendant une dizaine d'années. « Ledit collège et tout son revenu » fit ensuite retour à la mense de l'évêque de Saint-Omer. (A. D. Nord, L, 6275, dos. 3, *Etat de l'enseignement à Watten*, 23 novembre 1790).

(2) A. D. Nord, L, Lille, 212, *Mémoire pour le collège Saint-Pierre*, 13 novembre 1790; *Etat des collèges de la ville de Lille*, 26 mai 1791. — DIEUDONNÉ, *ibid.*, p. 140-141.

(3) V. note 2; A. D. Nord, L, Lille, 211, *Questions sur l'état de l'enseignement à Lille*, s. d.; L, 1031, dos. 1, *Lettre du direct. départ.*, 15 juin 1791; L, 1032, dos. 1, *Lettre du maire de Lille au préfet du Nord*, 2 brumaire an X. — DIEUDONNÉ, *ibid.* — Il existait un troisième collège, celui des Augustins, fondé en 1614, mais en 1789, il était désert depuis dix ans environ. (A. D. Nord, Lille, 212, *Mémoire pour le collège Saint-Pierre*, 13 novembre 1790. — DIEUDONNÉ, *ibid.*, p. 141).

(4) C'était un ancien collège de Jésuites. Quand ces derniers

La Bassée, d'un vieux collège fondé en 1627 par les religieux du monastère de Saint-Waast d'Arras (1) ; Tourcoing, du collège Saint-Bonaventure établi en 1666 (2) ; Douai, outre l'Université et les nombreux séminaires groupés autour d'elle, avait le collège d'Anchin, créé en 1568 par Jean Letailleur, abbé du monastère d'Anchin (3) ; le collège royal (4) et le collège Saint-Waast (5) ; même Orchies possédait une maison d'enseignement (6).

Dans le Cambrésis, on comptait les 2 collèges de Cambrai (7) et du Cateau (8). Il en existait 6 dans le Hainaut :

abandonnèrent Armentières, le collège fut remplacé par douze bourses au collège d'Anchin de Douai, destinées à douze jeunes armentiérois. Il ne subsista qu'une pédagogie. (A. D. Nord, L, Lille, 211, *Lettre du district de Lille au direct. départ.*, 31 octobre 1791. — DIEUDONNÉ, *ibid.*, p. 140).

(1) A. D. Nord, *ibid.*, *Questions sur le régime et les ressources du collège de La Bassée*, 1790, *ibid.*

(2) « Institué par l'autorité du roi, sous l'agréation de l'évêque de Tournai et de la municipalité de Tourcoing, le 19 avril 1666. » (*Ibid.*, *Questions sur le régime et les ressources du collège de Tourcoing*, 1790. — LECOMTE, *Histoire du collège de Tourcoing*. Tourcoing, 1870, p. 17).

(3) L'enseignement avait été donné par les Jésuites, auxquels succédèrent des prêtres séculiers, confirmés par lettres patentes de 1767.(A. D. Nord, L, 1035, dos. 1, *Sentence condamnant l'abbaye d'Anchin à payer annuellement au collège des Jésuites à Douai la somme de 2.500 florins*, s. d.; *Mémoire pour le maire et les officiers municipaux de Genech*, 1790. — A. D. Nord, placards 70/6. — DIEUDONNÉ, *ibid.*, p. 136).

(4) DIEUDONNÉ, *ibid.*

(5) *Ibid.*

(6) Elle avait été établie, en 1738, par les magistrats de la ville sous l'autorité de l'intendant de la province et avec l'approbation de l'évêque de Tournai. (A. D. Nord, L, Douai, 327, *Lettre de la municip. d'Orchies au direct. du district*, 8 octobre 1789).

(7) Ancien collège des Jésuites, tenu par des prêtres séculiers. (DIEUDONNÉ, *ibid*, p. 140).

(8) Ancien collège des Jésuites, remis à des prêtres séculiers auxquels succédèrent les religieux de l'abbaye Saint-André, vers 1775. (A. D. Nord, L, 390, f° 9 v. — DIEUDONNÉ, *ibid.*).

à Avesnes, à Maubeuge (1), à Landrecies (2), au Quesnoy (3), à Bavay (4), à Valenciennes (5) et à Bouchain (6).

Tous ces établissements sont tenus par le clergé. Les Jésuites en avaient possédé 11 dont 3 se trouvaient, en 1789, aux mains des réguliers : religieux de Saint-André, au Cateau ; Récollets, à Cassel ; Brigittins, à Armentières ; 8 autres étaient passés aux séculiers : Maubeuge, Cambrai, Bailleul, Dunkerque, Bergues, collège de la ville de Lille, Valenciennes, Anchin à Douai. Religieux et séculiers enseignaient aussi dans les autres collèges : à Bavay, les Oratoriens ; à Tourcoing, à Estaires, à Bouchain, à Hondschoote, les Récollets ; à Hazebrouck, les Augustins ; à Saint-Waast de Douai, les religieux de l'abbaye du même nom. Enfin, Avesnes, Landrecies, le

(1) Il était en activité depuis 1516, avait été confié aux Jésuites, puis aux prêtres séculiers, en vertu des lettres patentes du 12 décembre 1767. (A. D. Nord, L, 1033, dos. 2, *Lettre de Contamine, principal du collège,* 1790; dos. 3, *Lettre des officiers municipaux de Maubeuge,* janvier 1792; L, 272, f° 152 v.-153, *Lettre du direct. départ. au district d'Avesnes,* 17 août 1792. — DIEUDONNÉ, *ibid.,* p. 142).

(2) C'était une pédagogie. (Archives nationales, série moderne, F 17, 1315 b. — DIEUDONNÉ, *ibid.*).

(3) Fondé par lettres patentes datées de Saint-Germain-en-Laye, en décembre 1676. (A. D. Nord, L, 1033, dos. 3, *Lettre de Dehainain, principal du collège,* 26 septembre 1790, *Lettre des administrateurs du district du Quesnoy,* 24 septembre 1791 ; Arch. nat., série moderne, F 17, 1315 B).

(4) A. D. Nord, 1033, dos. 3, *Lettre des administrateurs du collège du Quesnoy,* 24 septembre 1791 ; *ibid,* dos. 1, *Lettre du citoyen Lesage au direct. départ.,* 10 juin 1791 ; Arch. nat., *ibid.* — DIEUDONNÉ, *ibid.,* p. 142.

(5) Créé par la ville ; ancien collège de Jésuites, tenu par des prêtres séculiers. (A. D. Nord, L, 1032, dos. 1, *Lettre du citoyen Lesage au direct. départ.,* 10 juin 1791. — DIEUDONNÉ, *ibid.*).

(6) A. D. Nord, L, 267, f° 37 r.-37 v. *Lettre du direct. départ. à la munícip. de Bouchain,* 12 octobre 1791. — DIEUDONNÉ, *ibid.,* p. 143.

Quesnoy, le collège royal de Douai, Orchies, La Bassée, Saint-Pierre de Lille et Merville, étaient dirigés par de simples ecclésiastiques. Au total, 10 aux réguliers et 10 aux séculiers.

L'Eglise s'étant chargée d'enseigner partout la jeunesse des collèges, il n'existe donc pas d'autre enseignement secondaire officiel que celui qu'elle distribue. L'Etat lui laisse une entière liberté, mais ne la subventionne pas. Les établissements d'instruction doivent donc l'existence, non pas aux libéralités royales, mais à l'initiative des monastères, des municipalités ou des particuliers. Il en résulte qu'ils ont des ressources très diverses suivant les cas. Les uns sont richement dotés de biens fonciers, de pensions, et jouissent de gros revenus (1) ; d'autres ont

(1) On retrouvera plus loin, parmi les maisons les mieux dotées, celles qui ont appartenu à la Compagnie de Jésus. Elle avait été admise dans les Pays-Bas, en 1584, et autorisée à diriger les collèges « sous la condition expresse que tout ce qu'elle y acquerroit et possederoit, à quelque titre que ce fût, appartiendroit à l'enseignement. » Les lettres patentes du 25 février 1765, en promulguant la dissolution de la Compagnie, stipulèrent que « les biens que possédoient les collèges précédemment occupés par les ci-devant Jésuites dans nos provinces de Flandre, Haynaut et Cambrésis, ne pourroient, sous aucun prétexte, devenir le gage des créanciers personnels de ladite société. » Leurs biens devaient être administrés par le Parlement de Douai, qui leur servirait une pension annuelle. Mais les propriétés foncières ne rapportant pas assez d'argent pour payer cette pension et subvenir en même temps aux besoins des collèges, Louis XVI, par lettres patentes du 5 mars 1783, publiées le 8 août de la même année, ordonna de les mettre aux enchères et de consacrer le produit de la vente aux pensions des Jésuites, aux besoins des collèges, et à la création de bourses pour les écoliers. (A. D. Nord, L, Lille, 212, *Lettres patentes du 5 mars 1783*, placard). L'Empereur ayant vers 1772 confisqué les biens, sis dans les Pays-Bas, des collèges des Jésuites situés en France, et le roi de France ayant saisi les biens sis en France des collèges des Jésuites des Pays-Bas, ces lettres patentes de 1783 décidaient en outre que les collèges français de Flandre et de Hainaut seraient dédommagés par des indemnités prises sur les revenus des biens confisqués. (A. D. Nord, *ibid.*; L, 1035 *bis*, dos. 1, *Projet d'arrêté du direct. départ.*, 28 février 1793).

une situation financière précaire; d'autres ne possèdent rien, comme le montre le tableau suivant :

Avesnes (1) :

Rentes de biens fonciers . .	193 l. 5 s.		
Droits d'octroi sur les boissons	316 l. 17 s. 6 d.		1.879 l. 10 s.
Taxe scolaire de 40 sous par mois sur chaque élève . .	1.300 l.		
Bourse créée par Martin Boutry	39 l. 7 s. 6 d.		

Bailleul (2) :

Revenus fonciers.

Bavay (3) :

Loyers de quelques maisons attenantes au collège.
Rente annuelle de 600 florins payée par la ville.

Bergues (4) :

Revenus fonciers environ . . . . 12.000 l.

Bouchain (5) :

Droits d'octroi sur les boissons.

Cambrai (6) :

Revenus fonciers . . . . 400 l.

(1) A. D. Nord, L, 1033, dos. 1, *Etat des ressources du collège d'Avesnes par le greffier Joncquoy*, 31 décembre 1791; *Arrêté du direct. départ.*, 17 août 1792.

(2) A. D. Nord, L, 268, f° 3 r.-3 v.

(3) Arch. nat., F, 1315 B, *Tableau de l'enseignement public dans le district du Quesnoy*, 1792; A. D. Nord, L, 1033, dos. 4, *Lettre du district du Quesnoy au direct. départ.*, 17 mai 1792. — Nous ignorons combien rapportent les maisons louées près du collège.

(4) Mais sur ces 12.000 livres le collège doit donner une pension aux Jésuites pendant trente ans après leur expulsion : 5.000 l. pendant les dix premières années, 3.000 pendant les dix suivantes, 2.000 pendant les dix dernières. (Arch. comm. de Bergues, carton 1, n° 199, *Lettres patentes du roi portant confirmation du collège de Bergues*, 12 décembre 1767; A. D. Nord, L, 6275, *Etat de l'enseignement à Bergues*, 13 décembre 1790).

(5) A. D. Nord, L, 267, f° 37 r., *Lettre du direct. départ. à la municip. de Bouchain*, 1792; L, 1035, dos. 2, *Arrêté du direct. départ.*, janvier 1792.

(6) L, 260, f° 111 r.

Douai (1) :

Anchin (2) :

Revenus fonciers environ	60.000 l.	
Subvention annuelle due par les religieux	833 l.	60.833 l.

Saint-Waast (3) :

Revenus fonciers environ . . . . 21.000 l.

C. du Roi (4) :

Revenus fonciers	2.750 l.	
Fondations de Smit	1.700 l.	5.050 l.
Fondations de Rithover	600 l.	

Dunkerque (5) :

Loyers de maison	6.220 l.	
Rentes foncières	2.436 l. 16 s. 11 d.	15.443 l. 16 s. 11 d.
Fermages	6.787 l.	

Hazebrouck (6) :

Octrois sur les boissons.

Hondschoote (7) :

Pas de revenus.

(1) A. D. Nord, L, 268, f° 3 r.-3 v.

(2) A. D. Nord, L, 6276, dos. 2, *Etat des bourses des collèges*, 1793 ; L, 1035, dos. 1, *Arrêté du direct. départ.*, 19 mars 1792; *Rapport du quatrième bureau au direct. départ.*, septembre 1793. Arch. comm. de Douai, section 2, K², dos. 1, *Comptes du collège*, 1790

(3) A. D. Nord, L, 6276, dos. 2, *Etat des bourses des collèges*, 1793.

(4) *Ibid.* Ces revenus du collège du roi sont avant tout destinés à la création de bourses.

(5) Arch. comm. de Dunkerque, K, 69, *Etat des biens des collèges*, 12 février 1791. — Le collège avait une situation financière très solide. Le compte de 1789-1790 relate, pour l'an 1788, un excédent de recettes de 4.354 l. 1 s. 2 d., soit un actif de 19.859 l. 8 s. 1 d. Les dépenses totales n'atteignaient que 12.076 l. Boni : 7.781 l. 18 s. 4 d. (A. D. Nord, D, 548, *Compte du collège de Dunkerque*, 1789-1790). Pour 1786-1787, le boni avait été de 6.481 l. 7 s. 5 d. (*Ibid.*, compte de 1786-1787). — FLAHAULT, *Notes et documents, etc.*, p. 69.

(6) A. D. Nord, L, 268, f° 3 v.-3 r.

(7) L, 6275, dos. 2, *Etat de l'enseignement à Hondschoote*, 7 décembre 1790.

La Bassée (1) :

Rentes . . . .   800 l.

Le Cateau (2) :

Revenus fonciers . . . .   1.000 l.

Lille : Saint-Pierre (3) :

Prébende versée par le chapitre . . . . . .   5.500 l.

C. de la ville (4) :

Revenus fonciers, rentes   . 25.000 l.

Caisse particulière des pau-   } 26.100 l.

vres écoliers . . . . . 1.100 l.

Maubeuge (5) :

Revenus fonciers, rentes, environ . . . .   10.000 l.

Merville (6) :

Octrois sur les boissons.

(1) Le fondateur l'abbé de Gravel « a placé 18.000 florins de Flandre en constitution de rentes sur les Etats de la ci-devant province d'Artois, Lesquels, par différentes déductions que lesdites rentes ont essuyées, ne produisent plus que 800 livres de France pour la portion des régents y attachés, somme très modique, même insuffisante pour leur zèle pour l'instruction. » (A. D. Nord, L, Lille, 211, *Questions sur le régime et les ressources du collège de La Bassée*, 1790).

(2) A. D. Nord, L, 6276, dos. 2, *Etat des bourses des collèges*, 1793.

(3) Sur les 5.500 livres, 2.870 étaient affectées au traitement du personnel enseignant ; le reste, à l'entretien des bâtiments et aux frais divers. (A. D. Nord, L, Lille, 212, *Mémoire pour le collège Saint-Pierre*, 13 novembre 1790).

(4) Ces revenus doivent servir aux dépenses générales de la maison, et à payer une rente de 2.000 livres au collège de Maubeuge, une pension aux Jésuites, 1.200 livres de rentes viagères, un certain nombre de bourses pour les écoliers de mérite. (A. D. Nord, L, Lille, 212, *Questions sur l'état de l'enseignement à Lille*, 1790). Au compte financier arrêté le 18 mars 1790, l'excédent des recettes du collège était de 16.378 l. 19 s. 3 d. (*Ibid.*).

(5) A. D. Nord, L, 1033, dos. 2, *Arrêté du direct. départ.*, 28 mai 1791 ; L, 261, fº 93 r., *Lettre du direct. départ. au district du Quesnoy*, 1791 ; L, 147, fº 146, *Arrêté du direct. départ.*, 26 mars 1791.

(6) L, 267, fº 192, *Lettre du direct. départ. au district d'Hazebrouck*, 21 décembre 1791 ; L, 1031, dos. 5, *Lettre du district d'Hazebrouck au direct. départ.*, 15 mars 1792.

Le Quesnoy (1) :

Octrois sur les boissons.

Tourcoing :

Ni revenus, ni ressources (2).

Valenciennes (3) :

Revenus fonciers . . . . 21.101 l.

Inégalement avantagés sous le rapport de la fortune, les collèges sont aussi administrés de façons très diverses. Les uns, ceux que les Jésuites ont abandonnés, sont régis par l'édit de 1763 qui leur a imposé un bureau de 8 membres, comprenant : l'évêque, président de droit ; 2 officiers de justice, 2 magistrats de la ville, 2 notables et le principal (4). Ainsi en est-il à Anchin (5), au collège de la ville de Lille (6), à Valenciennes (7). Cambrai, au contraire, est entre les mains des Etats du Cambrésis et son bureau réunit, outre l'évêque et le principal, le pro-

(1) « Le collège a été établi et construit par la ville qui, au moyen de ses droits d'octroi, stipendiait quatre régents dont le principal... le collège n'a jamais eu aucun bien ni revenu. » (Arch. nat., F17, 1315 n, *Tableau de l'instruction publique dans le district du Quesnoy*, 1792).

(2) Il est à la charge de la municipalité. (A. D. Nord, 211, *Questions sur le régime et les ressources du collège de Tourcoing*, 1790).

(3) Arch. comm. de Valenciennes, K 4, dos. 3 bis, *Compte de 1789*; A. D. Nord, L, 1035 bis, dos. 1, *Arrêté du direct. départ.*, 1790. — Nous n'avons rencontré aucun document concernant les revenus des collèges d'Estaires, d'Armentières, de Landrecies.

(4) A.D. Nord, L, 1035, dos 1, *Mémoire à consulter pour le collège d'Anchin* ; L, 271, f° 231, *Lettre du direct. départ. à l'évêque de Cambrai Primat*, 17 juillet 1792. — SICARD, *op. cit*, p. 318.

(5) Outre les membres exigés par l'édit de février 1763, le bureau comprenait aussi l'abbé ou le prieur de l'abbaye d'Anchin. (A. D. Nord, L, 1035, dos. 1, *Mémoire à consulter*).

(6) A. D. Nord, L, Lille, 212, *Etat des collèges de Lille*, 26 mai 1791. — DIEUDONNÉ, *op. cit.*, t. III, p. 141.

(7) A. D. Nord, L, 1035 bis, dos. 1, *Lettre du prévôt de Valenciennes*, 1er octobre 1790; *Mémoire de la municip. au Ministère de l'Intérieur*, 13 août 1791.

cureur général syndic, le premier député de la Noblesse, le premier du Clergé et 2 du Tiers (1). D'autres collèges, tels Saint-Waast de Douai (2) et celui de Bavay (3) sont régis par les congrégations auxquelles ils appartiennent ; quelques-uns, Le Quesnoy (4), Hondschoote (5), Tourcoing (6) sont placés sous la surveillance des magistrats municipaux.

Rien d'uniforme encore dans l'organisation matérielle des collèges. Plusieurs, comme Tourcoing (7), La Bassée (8), Dunkerque (9), sont de simples externats ; d'autres possèdent des pensions à prix variables : 300 livres à Avesnes (10), à Bavay, à Maubeuge, à Landre-

(1) A. D. Nord, L, 260, f° 111 r., *Lettre du direct. départ. au district de Cambrai*, 22 septembre 1790.

(2) Le collège de Saint-Waast était administré par le principal du collège, l'abbé, le prieur et le grand prévôt du monastère. (A. D. Nord, L, 1035, dos. 2, *Lettre du direct. départ. au district de Douai*, 1791).

(3) V p. 19, note 4.

(4) A. D. Nord, L, 1033, dos. 3, *Lettre de Dehainain, principal du Quesnoy*, 26 septembre 1790.

(5). C'est « l'échevinage qui en est administrateur en chef. » (A. D. Nord, L, 6275, dos. 2, *État de l'enseignement à Hondschoote*, 7 décembre 1790).

(6) LECOMTE, *op. cit.*, p. 29.

(7) A Tourcoing, « tous les écoliers du lieu sont chez leurs parents et ceux du dehors paient leur pension chez les bourgeois.» (A. D. Nord, L, Lille, 211, *Questions sur le régime et les ressources du collège de Tourcoing*, 1790). — LECOMTE, *op. cit.*, p. 31-32.

(8) A. D. Nord, L, Lille, 211, *Questions sur le régime et les ressources du collège de La Bassée*, 1790.

(9) A Dunkerque, il existait des maîtres de pensions qui logeaient chez eux les élèves étrangers à la ville. Un règlement du collège leur faisait un devoir de conduire leurs pensionnaires au collège et de les reconduire à la pension, après les classes, pour éviter « quelque tumulte dans les rues. » (A. D. Nord, D, 548, 10, *Règlement pour le collège de Dunkerque*, art 23.

(10) DIEUDONNÉ, *op. cit.*, t. III, p. 140.

cics, au Quesnoy, à Valenciennes (1), à Merville et à
Bergues (2) ; 350 livres au Cateau et à Hazebrouck (3) ;
400 à Bailleul (4), à Orchies (5), à Anchin (6) et dans
les deux collèges de Lille (7).

Même diversité dans le personnel enseignant. Il est
bien constitué, dans sa totalité, par des membres du
clergé, mais on a vu qu'il appartient à cinq congrégations
différentes et au clergé séculier. Au surplus, il est réparti
d'une façon inégale. Dans les plus grands établissements,
le nombre des professeurs correspond, à peu près, au
nombre des classes : outre le principal, Dunkerque en
possède cinq (8) ; Bergues, six (9) ; Saint-Pierre de Lille,
sept (10) ; le collège de la ville de Lille, huit (11) ; Anchin

(1) DIEUDONNÉ, *op. cit.*, t. III, p. 142.

(2) *Ibid.*, p. 139.

(3) *Ibid.*, p. 139.

(4) *Ibid.*

(5) *Ibid.*, p. 142.

(6) *Ibid.*, p. 136. (A. D. Nord, D, 336, *Registre des comptes
d'Anchin*, 1790, f° 1 v.

(7) A Saint-Pierre, en 1781, chacun des 60 pensionnaires avait
sa chambre particulière. (A. D. Nord, L, Lille, 212, *Mémoire pour
le collège Saint-Pierre*, 13 novembre 1790; *Etat des collèges de la
ville de Lille*, 24 mai 1791). Pour le collège de la ville : L. 1032,
dos. 1, *Lettre du maire de Lille au préfet du Nord*, 2 brumaire
an X.

(8) Principal : Destouches; professeurs : Bondu, Thevenet,
Wackernier, Lux, Demerseman, tous prêtres. (A. D. Nord, D, 548,
Compte de 1789-1790). Destouches et Wackernier enseignaient
déjà en 1767. (*Ibid.*, *Etat des revenus du collège*, 1757; L, 267, f° 86 r.).

(9) Principal : Jacques Schelle; professeurs : Pierre Andries,
Jean Bareel, Louis Bareel, François Deschodt, Jean Jordaens,
M. Varlet. (Arch. munioip. de Bergues, *Premier regist. aux déli-
bérat.*, 26 janvier 1790-16 mai 1793, f° 41 v.).

(10) Principal : Liénart; sous-principal : Cousin; professeurs :
Mariage, Ghenart, Liébart, Lefebvre, Rohart, Cordonnier, Cornille.
(A. D Nord, L, 1032, dos. 1, *Lettre du maire de Lille au préfet du
Nord*, 2 brumaire an X).

(11) Principal en 1789 : Le Pan; sous-principal : Leclercq; professeurs : Guffroy, Lebacq, Doublet, Desmazières, Leroy, Quirez,
Ducastillon. (*Ibid.*).

et Saint-Waast de Douai, neuf (1) ; Cambrai, six (2) ; Valenciennes, huit (3) ; Bavay, neuf (4) ; Le Cateau, six (5) ; Maubeuge, sept (6).

D'autres, *les petits collèges*, ont des professeurs en nombre très restreint. Non compris le principal, ils sont quatre à Avesnes (7), trois à Bouchain (8), deux au Quesnoy (9), deux à Orchies (10), deux à Tourcoing (11), trois à Merville (12), deux à Estaires, à Cassel (13), à Armentières (14), à Hazebrouck (15) et à La Bassée (16),

(1) DIEUDONNÉ, *op. cit.*, t. III, p. 136.

(2) *Ibid.*, p. 141.

(3) *Ibid.*, p. 142. Principal : Sage; sous-principal: Dabancourt; professeurs : Billaymont, Hory, Grenet, Brige, Pechenoy, La Prévotte. (Arch. comm. de Valenciennes, K4, 2 *bis*, *État des professeurs*, cop. simp.

(4) *Ibid.* Arch. nat., série moderne, F17, 1315 B, *Tableau de l'instruction publique dans le district du Quesnoy*, 1792.

(5) DIEUDONNÉ, *ibid.*

(6) Principal : Léonet ; professeurs : Michel, Bécart, Bergeau, Barbieux, Bounhaye, Gérard, X*** (A. D. Nord, L, 1033, dos. 2, *État des professeurs d'Avesnes et de Maubeuge qui n'ont pas prêté serment*, 1791).

(7) *Ibid.* Principal : Nicolas; professeurs : Liézard, Gallicet, Hautecœur, X*** (A. D. Nord, L. 1033, dos. 1, *Rapport du district d'Avesnes au direct. départ.*, 1791. — DIEUDONNÉ, *op. cit.*, t. III, p. 140).

(8) DIEUDONNÉ, *op. cit.*, t. III, p. 142.

(9) Principal : Dehainnain; professeurs : Largillière, Géry. (A. D. Nord, 1033, dos. 3, *Lettre du district du Quesnoy*, 24 septembre 1791).

(10) Principal : Lorthioir; professeurs : Descamps, Lamour. (A. D. Nord, L, 1035, dos. 3, *État nominatif des professeurs d'Orchies*, 1789 ; L, Douai, 327, *Lettre de la municip. au direct. départ.*, 8 octobre 1789).

(11) DIEUDONNÉ, *op. cit.*, t. III, p. 140.

(12) *Ibid.*, p. 139.

(13) *Ibid.*

(14) *Ibid.*, p. 140.

(15) Principal : Père Mathieu Matthuis ; professeurs : P. Aurèle Warein, P. Félix Lauvers. (A. D. Nord, L, 4831, *État du collège d'Hazebrouck*, 22 octobre 1791).

(16) DIEUDONNÉ, *op. cit.*, t. III, p. 141.

quatre à Bailleul (1), il n'en existe qu'un seul à Landrecies (2) et à Hondschoote (3).

Ce personnel enseignant se recrute de deux manières. S'il est régulier, il est désigné par les supérieurs de l'Ordre auquel il appartient : au Cateau, les religieux sont nommés par l'abbé du monastère de Saint-André (4); à Tourcoing, par le principal (5).; à Bavay, ce sont les prêtres de l'Oratoire de Mons qui y envoient des membres de leur congrégation (6); à La Bassée, « les régents sont subordonnés à la police de leurs supérieurs réguliers (7). » Au contraire, les chaires destinées aux séculiers sont données au concours. Les aspirants professeurs étaient, paraît-il, si nombreux, qu'il était nécessaire d'établir entre eux un ordre de mérite (8). Les lettres patentes de 1763 spécifiaient d'ailleurs que pour remplacer les Jésuites, il fallait faire un choix parmi les candidats-régents (9), et il en est ainsi dans les anciens

(1) DIEUDONNÉ, op. cit., t. III, p. 139. — Principal : Deconinck ; professeurs : Flaheel, Petit, Beaurepaire. (A. D. Nord, L, 4822, État des professeurs de Bailleul, 1791).

(2) Arch. nat., série moderne, F11, 1315 B, Tableau de l'instruction publique dans le district du Quesnoy, 1792.

(3) DIEUDONNÉ, op. cit., t. III, p. 139.

(4) A. D. Nord, L, 258, f° 3, Avis du direct. départ., 25 octobre 1790.

(5) A. D. Nord, L, Lille, 211, Questions sur le régime et les ressources du collège de Tourcoing, 1790.

(6) Arch. nat., série moderne, F11, 1315 B, Tableau de l'instruction publique dans le district du Quesnoy, 1797.

(7) A. D. Nord, L, Lille, 211, Questions sur le régime et les ressources du collège de La Bassée, 1790.

(8) SICARD, op. cit., p. 401.

(9) A. D. Nord, L, 1413 ter, dos. 4, Lettre du procureur général syndic au district du Quesnoy, 6 mars 1791 ; L, 1035 bis, dos. 1, Mémoire de la municip. de Valenciennes au Ministre de l'Intérieur, 13 août 1791.

collèges de la Compagnie, notamment à Valenciennes (1),
à Dunkerque (2), à Douai (3). On procède de même au
collège du Quesnoy qui a toujours été tenu par des
séculiers (4). A Merville, les régents sont désignés par
l'évêque de Saint-Omer (5).

Est-ce l'appât d'un gros traitement qui attire les ecclésiastiques vers les chaires des collèges? Certes, il existe
des établissements bien dotés qui assurent à leur personnel
une situation enviable : tel celui de la ville de Lille qui,
avec la nourriture et le logement, distribue 1.500 livres
à son personnel, 1.200 au sous-principal et au professeur
de rhétorique, 1.000 à ceux de seconde et de troisième,
900 à ceux de quatrième, de cinquième et de sixième,
400 à celui de septième (6); tel aussi le collège d'Anchin,
où le principal reçoit 1.800 livres d'appointements; le
sous-principal et chacun des deux professeurs de philosophie, 1.400; le professeur de rhétorique et l'économe,
1.200; ceux de seconde et de troisième, 1.000; tous les

(1) L, 1035 bis, dos. 1, *Mémoire cit. de la municip. de Valenciennes.*

(2) Voici le texte d'un placard de 1769, annonçant le concours
des candidats professeurs à Dunkerque: « Les personnes ecclésiastiques ou séculières instruites des langues françoise et flamande, en état d'enseigner ces deux langues et qui désireront
remplir les places de professeurs et régents dans ledit collège,
pourront se présenter jusqu'au 1er septembre 1769, au bureau
d'administration, pour composer des thèmes en flamand, les
traduire en françois et être ensuite examinés s'ils sont capables
de bien enseigner en la langue françoise et flamande. » (A. D.
Nord, D, 548, 7, *Avertissement du bureau d'administration du
collège de Dunkerque*).

(3) A. D. Nord, L, 1035, dos. 1, *Observations de la municip. de
Douai*, 23 février 1793.

(4) V. p. 28, note 9.

(5) DIEUDONNÉ, *op. cit.*, t. III, p. 139.

(6) Les professeurs avaient en outre la perspective d'une pension
émérite de 400 livres. (A. D. Nord, L, Lille, 211, *Questions sur l'état
de l'enseignement à Lille*, 1790; L, Lille, 212, *Etat des collèges de
Lille*, 28 mai 1791).

autres, 900 (1). Mais ces deux maisons sont des excep-
tions. Les traitements sont en général plus modestes :
à Maubeuge, le principal ne touche que 900 livres ; le
professeur de rhétorique, 800 ; les régents de seconde et
de troisième, 700 ; les autres, 600 ; celui de septième,
le dernier, 400 seulement (2). A Bailleul, à l'exception
du principal et du professeur de rhétorique qui reçoivent
l'un 760 florins, l'autre 500, tous les autres n'ont que
400 florins (3). Au collège Saint-Pierre de Lille, c'est le
professeur de rhétorique qui est le mieux partagé, avec
600 livres ; le principal n'en a que 500, le sous-principal,
150 ; les trois régents de seconde, troisième et quatrième,
400 ; les trois autres, 300 seulement. Il est vrai qu'ils
« étaient indemnisés de la modicité de leurs traitements
par la collation des meilleurs bénéfices dépendant du
chapitre de Saint-Pierre (4). » A Avesnes, les appointements du principal ne s'élèvent qu'à 800 livres et ceux
des professeurs, uniformément, à 600, mais la municipalité « leur donnait à desservir différentes administrations pieuses confiées à ses soins (5) » ; plusieurs

(1) En outre, les professeurs vivaient en communauté, dans la
maison, aux frais de l'administration. (A. D. Nord, L, Douai, 327,
Lettre de la municip. de Douai au direct. départ., 17 mai 1791 ; L,
1828, *Projet d'arrêté du direct. départ.*, 22 brumaire an II ; Arch.
comm. de Douai, K 3, carton 1, dos. 1, *Mémoire sur l'Université
de Douai*, par BONNAIRE, 22 novembre 1790).

(2) A. D. Nord, L, 1033, dos. 2, *Etat nominatif des professeurs
du district d'Avesnes qui n'ont pas prêté serment*, 1791 ; L, 148,
f° 90 v.-91, *Arrêté du direct. départ.*, 15 mars 1792 ; L, 272, f° 152 v.-
153, *Lettre du direct. départ. au district d'Avesnes*, 17 août 1792.

(3) A. D. Nord, L, 1032, dos. 2.

(4) A. D. Nord, L, Lille, 212, *Etat des collèges de Lille*, 26 mai
1791. — Mais ils devaient subvenir eux-mêmes à tous leurs besoins.
(L, Lille, 212, *Mémoire pour le collège Saint-Pierre*).

(5) A. D. Nord, L, 4821, *Lettre de la municip. d'Avesnes au direct.
départ.*, 27 décembre 1791.

même sont chanoines, « ce qui, joint à leur traitement peu
considérable, leur procurait une existence honnête (1). »

Il est cependant d'autres collèges où les régents ne
jouissent pas de ces compensations pécuniaires, les trois
professeurs d'Orchies n'ont à se partager que 1.456 florins (2) ; les trois Augustins d'Hazebrouck, que 700
florins (3) ; les trois Récollets de Cassel, que 900 florins (4), et leurs trois confrères de Bouchain reçoivent
seulement 100 florins chacun (5) ; les trois Augustins de
La Bassée, 800 livres en tout (6). A Hondschoote, la
municipalité paie 108 florins aux Récollets de la *péda-*
gogie (7). Au Quesnoy, elle n'attribue à chacun des
trois ecclésiastiques que 343 livres, leur laissant le soin
de se nourrir et de se loger (8).

On remarque que les traitements des réguliers sont
inférieurs, le plus souvent, à ceux des prêtres séculiers.

(1) A. D. Nord, L, 1033, dos. 1, *Rapport du préposé à la régie
des biens saisis sur les collèges autrichiens*, s. d.; *ibid.*, dos. 2, *État
nominatif des prof. d'Acesnes et de Maubeuge qui n'ont pas prêté
serment*, 1791.

(2) A. D. Nord, L, Douai, 327, *Lettre de la municip. d'Orchies*,
8 octobre 1789.

(3) A. D. Nord, L, Hazebrouck, regist. n° 17, p. 177, *Lettre du
district d'Hazebrouck au direct. départ.*, 28 décembre 1792. — Dans
le cahier de doléances qu'ils rédigèrent en 1789, les Augustins
d'Hazebrouck demandent au roi une pension « pour n'être plus à
la charge du public, par les quêtes... » A. DE SAINT-LÉGER et Ph.
SAGNAC, *Les cahiers de la Flandre maritime en 1789*, t. II, p. 475.

(4) *Ibid.* — A. D. Nord, L, 1031, dos. 2, *Lettre de la municip. de
Cassel*, 10 août 1791.

(5) A. D. Nord, L, 267, f° 37 r.-37 v., *Lettre du direct. départ. à la
municip. de Bouchain*, 12 octobre 1791; L, 1035 *bis*, dos. 2, *Rapport
du quatrième bureau au direct. départ.*, janvier 1792.

(6) A. D. Nord, Lille, 211, *Questions sur le régime et les ressources du collège de La Bassée*, 1790.

(7) A. D. Nord, L, 6275, dos. 2, *État de l'enseignement à Hondschoote*, 7 décembre 1792.

(8) A. D. Nord, L, 4832, *État des sommes payées par la ville du
Quesnoy*, 1790.

Les premiers, nourris dans le couvent voisin du collège et n'ayant, par suite, aucun souci matériel, pouvaient se contenter d'émoluments dérisoires. Avoir un personnel enseignant composé de religieux, c'est donc, pour les municipalités qui doivent soutenir leurs collèges, une grosse épargne, et nous pourrions sans doute trouver dans ce souci d'économie, la raison de la multiplicité des maisons confiées à des congréganistes. Même, à Tourcoing et à Estaires, les Récollets desservaient le collège gratuitement, « vivant de quelques aumônes (1). »

Si les traitements des professeurs de l'ancien régime sont, en général, si médiocres, c'est assurément parce que la plupart des collèges sont peu fortunés et que les cités modestes qui les abritent ne peuvent supporter de lourdes charges financières : c'est aussi parce que le système de la rétribution scolaire n'existe pas.

Le préfet Dieudonné, dans son *Enquête de l'an XII*, déclare en effet que l'enseignement secondaire était gratuit dans tous les anciens collèges (2). A l'exception du collège d'Avesnes qui exige de chaque écolier une taxe de quarante sous par mois (3), partout, en effet, les jeunes gens sont instruits gratuitement. A Tourcoing, les Récollets se sont engagés à ne pas établir de rétribution scolaire et la municipalité écrit en 1790 : « C'est une charge de leur établissement qu'ils observeront aussi longtemps qu'ils resteront ici (4). » Gratuit aussi l'enseignement

(1) A. D. Nord, L, 211, *Questions sur le régime et les ressources du collège de Tourcoing*, 1790; L., 1031, dos. 3, *Lettre de la municip. d'Estaires au direct. départ.*, 1791.

(2) DIEUDONNÉ, op. cit., t. III, p. 138.

(3) A. D. Nord, L., 1033, dos. 1, *Tableau de l'administration du collège d'Avesnes*, 1760.

(4) A. D. Nord, L., Lille, 211, *Questions sur le régime et les ressources du collège de Tourcoing*, 1790. — LECOMTE, op. cit., p. 31.

à Orchies (1), à La Bassée (2), aux deux collèges de Lille (3), à Bergues (4) et à Dunkerque (5). En bon nombre d'établissements, il existe même des bourses en faveur des écoliers pauvres. Anchin doit affecter une partie de ses revenus à 24 bourses dont « 12 de pension gratuite pour les enfants des habitants d'Armentières, 9 pour des écoliers des provinces de Hainaut, Flandre, Artois et Cambrésis…, 3 pour récompenser les élèves les plus assidus (6). » On trouve, à Saint-Waast de Douai, 12 bourses de demi-pension et quelques-unes de pleine pension pour des « bons sujets peu avantagés des biens de la fortune (7) » ; au collège du Roi, de la même ville, les 5.050 livres de revenus sont uniquement consacrées à des bourses ; Saint-Pierre de Lille affecte 3.425 livres à 31 bourses (8) ; celui de la ville, 1.400 (9) ; Cambrai, 400 pour huit écoliers ; Le Cateau, 1.000 ; Bergues possède

(1) A. D. Nord, L., Douai, 327, *Lettre de la municip. d'Orchies au direct. départ.*, 8 octobre 1789.

(2) A. D. Nord, L., Lille, 211, *Questions sur le régime et les ressources du collège de La Bassée*, 1790.

(3) *Ibid., Questions sur l'état de l'enseignement à Lille*, 1790.

(4) A. D. Nord, L, 6275, *État de l'enseignement à Bergues*, 8 mars 1792.

(5) A. D. Nord, D, 548, 11, *Lettres patentes*, 6 mai 1769, art. 3.

(6) Avant 1789, le collège d'Armentières avait été supprimé et ses revenus incorporés à ceux d'Anchin. (A. D. Nord, L., 1035, dos. 1, *Rapport au direct. départ.*, septembre 1790; *Extrait du registre aux délibérat. du direct. du district*, 25 novembre 1791; *Projet d'arrêté du direct. départ.*, 10 janvier 1792. — Un tableau, dressé en 1793, des bourses distribuées dans les collèges du Nord, existe aux Archives départementales, L., 6276, dos. 2. Nous lui empruntons la plupart des renseignements que nous utilisons, et indiquerons seulement les autres sources auxquelles nous avons puisé.

(7) A. D. Nord, L., 4828, *Lettre des professeurs du collège au Ministre de l'Intérieur*, 1791.

(8) A. D. Nord, L., 271, f° 205, *Lettre du direct. départ. au district de Lille*, 9 juillet 1792.

(9) V. p. 23, note 4.

3

six bourses anciennes et quatre nouvelles de 150 livres
chacune ; Bailleul instruit et pensionne six jeunes gens
de Cassel (1) ; Avesnes emploie à des bourses les revenus
de ses biens fonciers et ceux de la fondation Boutry (2) ;
à Maubeuge, « pour attirer les élèves, les administrateurs
ont délibéré et annoncé au public, il y a douze ou treize
ans, qu'il serait distribué chaque année pour 600 francs
de bourses aux deux premiers élèves de chaque classe
résidant au collège, à condition d'y résider encore l'année
suivante. » La proclamation des lauréats est faite à la
distribution des prix (3).

Un enseignement gratuit, dans des collèges nombreux
et dispersés, encouragé par des bourses d'études ne
pouvait manquer d'être suivi. Au dire de Sicard (4), il
l'était généralement en France, en 1789, l'instruction
étant le plus grand moyen d'arriver à une situation
honorable recherchée par les bourgeois et les paysans
enrichis. Il l'était aussi dans les trois provinces qui
devaient constituer le département du Nord. Le chiffre
de la population scolaire s'élevait, à la fin de l'ancien
régime, à près de 4.300 élèves répartis dans les 20 collèges (5).

(1) « Lors de la suppression des Jésuites, les biens du couvent
de Cassel et de Bailleul ont été réunis en masse et attachés au
collège de cette dernière ville. Le ministre, pour prix de ce sacri-
fice, a accordé aux justiciables de la ci-devant châtellenie de
Cassel, six bourses. » (A. D. Nord, L, Hazebrouck, regist. n° 17,
p. 177, *Lettre du district d'Hazebrouck au direct. départ.*, 28 décembre 1792).

(2) V. p. 21, note 1.

(3) A. D. Nord, L, 1033, dos. 2, *Lettre de Michel, administrateur, au départ. du Nord*, 9 août 1790. — Nous n'avons pas de renseignements sur l'existence de bourses à Valenciennes et au
Quesnoy.

(4) SICARD, *op. cit.*, p. 513.

(5) La plupart des chiffres que nous citons ci-dessous sont
empruntés à la statistique de DIEUDONNÉ, *op. cit.*, t. III, p. 139-140.
Nous signalerons donc seulement les autres sources complé-
mentaires.

Onze d'entre eux en avaient 200 ou plus :

Bavay	250	Hazebrouck. .	220
Cambrai. . . .	300	Lille :	
Le Cateau . . .	300	Saint-Pierre. .	250 (1)
Douai :		C. de la ville .	200
Anchin	480	Le Quesnoy. .	300
C. du Roi . . .	200	Valenciennes .	400
Saint-Waast . .	250		

Quatre possédaient au moins 100 élèves :

Avesnes. . . .	100	Bergues. . .	120
Maubeuge . . .	150	Dunkerque . .	100 (2)

Tous les autres, au nombre de onze, étaient beaucoup moins peuplés :

Armentières . .	60	Hondschoote	15 à 20 (3)
Bailleul	70	Landrecies . .	30
La Bassée . . .	60	Merville. . .	30
Bouchain . . .	80	Orchies . . .	60 (4)
Cassel	20	Tourcoing . .	60 (5)
Estaires. . . .	70		

(1) Peu d'années avant 1789, les deux collèges de Saint-Pierre et de la ville donnaient l'enseignement « à près de 700 élèves », écrit la municipalité de Lille au directoire du district le 11 octobre 1791. (A. D. Nord, L, Lille, 212). Le chiffre de 250 élèves fourni par Dieudonné est donc inexact, car Saint-Pierre était « le principal, le plus ancien, le mieux monté et *le plus fréquenté* » des deux. (*Ibid , Etat des collèges de Lille*, 26 mai 1791). En 1791, Saint-Pierre a encore 220 élèves. (*Ibid.*).

(2) « Plus de 100 écoliers fréquentaient cette école. » (A. D. Nord, L, 1038, dos. 3, *Lettre de la municip. de Dunkerque au direct. départ.*, 13 prairial an IV).

(3) Ce chiffre est omis dans le tableau de Dieudonné. Nous l'avons heureusement trouvé. (A. D. Nord, L, 6275, dos. 2, *Etat de l'enseignement à Hondschoote*, 7 décembre 1790).

(4) Le 8 octobre 1789, la municipalité d'Orchies écrivant au district de Douai (A. D. Nord, L, Douai, 327) ne déclare que 50 élèves, dont 26 pensionnaires et 24 externes.

(5) Ce chiffre de Dieudonné est confirmé par la municipalité de Tourcoing, le 20 octobre 1790. (A. D. Nord, L, Lille, 211, *Questions sur le régime et les ressources du collège de Tourcoing*).

On remarquera que plusieurs collèges, notamment Le Cateau et Le Quesnoy, que nous avons placés dans la catégorie des petits collèges, sous le rapport du nombre des professeurs, se trouvent parmi ceux qui sont le plus fréquentés.

Entre tous ces collèges, petits ou grands, pauvres ou opulents, ecclésiastiques ou congréganistes, si différents à beaucoup de points de vue, il existe cependant un point de ressemblance. Qu'ils soient régis par le règlement d'études et de discipline, homologué au Parlement de Flandre le 13 août 1768 et envoyé à tous les établissements du ressort (1), ou bien par l'édit de 1763 et les lettres patentes de 1765 concernant les maisons des Jésuites (2), ou bien qu'ils suivent « les usages et méthodes de l'Université de Paris (3) », tous, uniformément, imposent à leurs écoliers le même règlement, leur donnent le même enseignement et la même éducation.

Dès qu'il sait lire et écrire, c'est-à-dire vers l'âge de huit ou dix ans, l'enfant est admis à commencer ses études secondaires (4). Le 1er octobre, jour d'ouverture

(1) A. D. Nord, L, Lille, 212, *Mémoire pour le collège Saint-Pierre de Lille*, 13 novembre 1790.

(2) A. D. Nord, 212, *Questions sur l'état de l'enseignement à Lille*, 1790 ; Arch. comm. de Bergues, CI, 107, *Registre des délibérations du bureau d'administration* ; GO, 155, *Règlement du collège de Bergues*.

(3) A. D. Nord, Lille, 11, *Lettres patentes pour le collège de Dunkerque*, 6 mai 1769, art. 3.

(4) Neuf ou dix ans, à Tourcoing (A. D. Nord, L, Lille, 211, *Questions sur le régime et les ressources du collège de Tourcoing*, 1790) ; A La Bassée les enfants sont admis à commencer leurs classes « aussitôt qu'ils ont l'âge et les qualités requises, c'est-à-dire, quand ils savent lire et écrire, c'est ce qui dépend de la volonté des parents » (*Ibid.*, *Questions sur le régime et les ressources du collège de La Bassée*, 1790) ; A Lille, vers sept ou huit ans (*Ibid.*, *Questions sur l'état de l'enseignement à Lille*, 1790) ; A Hondschoote, « quand on sait lire et écrire comme à l'âge d'onze, douze ou treize ans » (A. D. Nord, L. 6275, dos. 2, *État de l'enseignement dans le district de Bergues*, 7 décembre 1790).

de l'année scolaire, il assiste à la messe du Saint-Esprit, célébrée solennellement dans la chapelle du collège, en présence des magistrats de la ville, des membres du bureau d'administration, et il doit entendre un long discours latin prononcé par l'un des régents, sur un sujet convenu (1). Dès lors, tous les jours de l'année scolaire vont se dérouler pour lui laborieux et monotones. Chaque matin, l'hiver à huit heures, l'été à sept heures et demie, il entre en classe, au coup de cloche, conduit par son régent. Celui-ci, la classe terminée à dix heures, le conduit à la chapelle où la messe est célébrée pour toute la communauté. S'il est externe, il quitte le collège à dix heures et demie ; s'il est pensionnaire, il passe dans une cour de récréation pendant une demi-heure, puis dans une salle d'études où il rédige ses devoirs de classe, sous la surveillance de son régent ou d'un maître de quartier (2). Le soir, les classes reprennent encore durant deux heures, de deux à quatre (3).

(1) A. D. Nord, L, Lille, 212, *Mémoire pour le collège Saint-Pierre de Lille*, 13 novembre 1790. Arch. comm. de Bergues, *Règlement du collège, Registre des délib du bureau d'adm.*, GG, 155, art. 20. A. D. Nord, D, 548, 10, *Règlement pour le collège de Dunkerque*, art. 10, 18 ; L. Lille, 211, *Questions sur le régime et les ressources du collège de La Bassée*, 1790 ; L., Douai, 327, dos. 18, *Lettre de Dondeau au direct. départ*, 1er germinal an III.

(2) A. D. Nord, D, 548, 10, *Règlement du collège de Dunkerque*, 1764, art. 11, 13, 39, 40. L., Lille, 211, *Questions sur le régime et les ressources du collège de Tourcoing*, 1790 ; LECOMTE, op. cit , p. 32 ; A. D. Nord, L., 6275, dos. 2, *État de l'enseignement à Hondschoote*, 7 décembre 1790 ; L, Lille, 211, *Mémoire pour le collège Saint-Pierre de Lille*, 13 novembre 1790 ; Arch. comm. de Bergues, C1, 197, *Registre des délib. du bureau d'adm.*, *Règlement du collège*, GG, 155.— A Saint-Pierre de Lille, les pensionnaires « sont distribués, pendant les heures d'études, en différentes salles où l'inspection des maîtres ne se borne point à y entretenir le bon ordre : on leur fait une répétition suivie sur tous les devoirs de la classe. » (A. D. Nord, Lille, 212, *Mémoire pour le collège Saint-Pierre de Lille*, 13 novembre 1790)..

(3) V. note 2.

A sa vie régulière d'écolier, il est cependant des adou-
cissements : chaque semaine, il a congé l'après-midi du
mardi, du jeudi et du dimanche (1) ; à la fin de chaque
trimestre, il jouit de quelques jours de vacances : dix ou
quinze en décembre à dater de la veille de Noël (2) ;
quinze encore pour les fêtes de Pâques (3). Mais ses
vacances d'été sont tardives : elles ne commencent, à
Douai, qu'après le 15 août, le 20 août à Saint-Pierre de
Lille, le 1er septembre à Dunkerque, à Bergues et à La
Bassée (4). Elles sont précédées d'exercices publics, sortes
de classes d'honneur ou de séances académiques, qui
durent parfois plusieurs jours et auxquels sont conviés,
avec les familles des élèves, les municipalités, les membres du bureau d'administration et les notables de la cité.
Devant cette assemblée choisie, les élèves des premières
classes, qui se sont distingués par leurs capacités, font
apprécier leurs progrès en lisant ou en récitant de
mémoire des dissertations latines ou françaises, des vers
latins ou français, ou en expliquant les auteurs classiques
traduits durant les mois d'étude. Une distribution de
prix aux plus méritants clôturait la fête et l'année
scolaire (5).

(1) Pour Saint-Pierre de Lille, *ibid.*; pour Bergues, *ibid.*, art. 20;
pour Dunkerque, *ibid.*, art. 18; pour Douai, A. D. Nord, L, Douai
327, dos. 18, *Lettre de Dondeau au direct. départ.*, 1er germinal
en III.

(2) *Ibid.*

(3) *Ibid.* — A Dunkerque, les trois jours gras étaient aussi jours
de congé. (V. p. 37, note 2).

(4) V. p. 37, note 2. — Pour La Bassée, A. D. Nord, L, 211,
Questions sur le régime et les ressources du collège de La Bassée,
1790.

(5) A Saint-Pierre de Lille, ces exercices publics avaient lieu
deux fois par an, avant Pâques et après la fête de l'Assomption.
Les élèves étaient interrogés « sur toutes les parties de l'enseignement, notamment sur l'explication des auteurs grecs et latins
propres à chaque classe. » (A. D. Nord, L, Lille, 212, *Mémoire*

Telle est, à la fin de l'Ancien régime, la vie que mène le collégien, durant six années, à travers le cycle de ses *humanités*, passant successivement de la classe *inférieure* de grammaire ou sixième, à celle de *classe moyenne*, de *classe supérieure*, de *syntaxe*, de *poésie* et d'*éloquence* (1). En même temps qu'ils élargissent le champ de ses connaissances, ses maîtres le forment à la bonne tenue.

Ils veilleront avec soin, dit le règlement du collège de Dunkerque, à ce qu'il évite toute affectation dans sa coiffure et dans son costume ; toute espèce d'indécence dans ses postures et ses conversations, les exercices bas et ignobles, les jeux de hasard ou ceux qui sont dangereux. Ils lui conseilleront de traiter ses condisciples avec égard, et d'avoir pour eux l'attention et les prévenances convenables.

pour le collège Saint-Pierre de Lille, 13 novembre 1790). — A Dunkerque, le règlement stipule que la distribution des prix sera précédée d'un « exercice de rhétorique ou d'humanités, sans qu'il y puisse être jamais représenté aucune tragédie ou comédie, sous quelque prétexte que ce puisse être. » (A. D, Nord, D, 519, 10, *Règlement du collège de Dunkerque*, art. 21 ; *ibid*, D, 518, 16, placard). — Pour La Bassée, v. p. 38, note 4. — Dans les collèges pauvres qui étaient à la charge des municipalités, les prix distribués étaient de peu d'importance : la municipalité du Quesnoy ne dépensa à l'achat de récompenses qu'une somme de 12 livres 10 sous (A. D. Nord, L, 1033, dos. 3, *Etat des pensions et des traitements du personnel*, 1790.

(1) Dans certains collèges existait une classe de septième appelée *ordo incipientium* : ainsi dans les deux collèges de Lille (A. D. Nord, L, Lille, 212, *Mémoire pour le collège de Lille*, 13 novembre 1790 ; L, Lille, 212, *Questions sur l'état de l'enseignement à Lille*, 1790 ; à Tourcoing (LECOMTE, *op. cit.*, p. 30), à La Bassée (A. D. Nord, L, Lille, 211, *Questions sur le régime et les ressources du collège de La Bassée*, 1790). — « Dans les deux collèges de Lille, les régents de seconde et de troisième changeaient de classe entre eux, chaque année ; le même système de mutation existait pour les régents de quatrième, de cinquième et de sixième. Le professeur de rhétorique et le régent de septième étaient stables. » DIEUDONNÉ, *op. cit.*, t. III, p 111. — « Cet alternat des régents avait été établi d'après les principes lumineux développés par M. le président Rolland dans son compte-rendu aux Chambres assemblées du Parlement de Paris, le 13 mai 1768. » (A. D. Nord, L, Lille, 212, *Mémoire pour le collège Saint-Pierre*, 13 novembre 1790).

Les fautes légères contre la bonne tenue ou la discipline étaient punies par des amendes au profit des
pauvres, les cas d'insubordination plus graves pouvaient
entraîner des amendes plus fortes, la prison, la privation
des bourses, l'expulsion (1). Le règlement des collèges
dépendants de l'Université de Douai, recommandait aux
maîtres de multiplier aux élèves les exhortations pater-
nelles, mais de savoir aussi, à l'occasion, leur faire des
réprimandes secrètes ou publiques, et de ne pas hésiter
à renvoyer les incorrigibles (2).

Pour obtenir plus sûrement de leurs écoliers le travail
et l'obéissance, les maîtres s'efforcent surtout de leur
inculquer l'esprit chrétien. L'étude et la pratique de la
religion catholique se trouvent en effet à la base de
l'enseignement classique de l'ancien régime. L'Eglise,
fidèle à la mission divine qu'elle a reçue d'enseigner les
fidèles, ne tient des écoles que pour être assurée de
pouvoir former des chrétiens. Aussi l'écolier est-il
enveloppé, dès son entrée au collège, d'une atmosphère
profondément religieuse. Au premier jour de l'année
scolaire, pendant la messe du Saint-Esprit, il demande
les bénédictions du Ciel sur ses efforts et ses travaux ; s'il
est interne, il récite chaque jour avec ses camarades,
sous la présidence d'un régent, sa prière du matin et
celle du soir ; ses classes, ses études commencent et se
terminent par une courte oraison ; il assiste à une messe
basse tous les jours ; le dimanche, à une grand'messe ;
ses maîtres l'engagent à se confesser et à communier au
moins une fois par mois, et chaque semaine, le mercredi
et le samedi, ils consacrent une demi-heure à lui rappeler

(1) A. D. Nord, D, 548, 10, *Règlement du collége de Dunkerque*,
art. 32.

(2) Arch. comm. de Douai, K 4, carton 1, dos. 1, *Mémoire sur
l'Université de Douai*, par BONNAIRE, 22 novembre 1792.

son catéchisme (1). L'enseignement religieux qui tient la
première place dans les études, la conserve même dans
les exercices publics qui couronnent l'année scolaire. A
Dunkerque, en 1767, les élèves furent interrogés *en latin*
sur la « nécessité, *l'efficace* et les dispositions du sacre-
ment de pénitence (2). » En 1769, les exercices publics
n'eurent d'autre but que de montrer les connaissances
des jeunes disciples sur les « sacrements en général, le
baptême, les cérémonies et les promesses du baptême (3). »
Au collège des Augustins de Lille, le catéchisme est au
premier rang des matières sur lesquelles il convient de
les interroger (4). C'étaient aussi sans doute des ouvrages
de spiritualité et de morale religieuse (5), parfois des
médailles (6) qui récompensaient leur mérite.

(1) BONNAIRE, *op. cit*, *ibid.* — A. D. Nord, L, Lille, 212, *Mémoire pour le collège Saint-Pierre*, 13 novembre 1790 ; L. Douai, 327, *Règlement du collège d'Orchies*, 3 avril 1739 ; L, 6275, dos. 2, *État de l'enseignement à Hondschoote*, 7 décembre 1792. — Arch. comm. de Bergues, CI, 197, *Registre des délib. du bureau d'adm., Règlement du collège*, GG, 155. — LECOMTE, *op. cit.*, p 20.

(2) A. D. Nord, D, 548, 16, placard.

(3) *Ibid*, autre placard.

(4) Arch. comm. de Lille, série ancienne, carton 161, *Lettre d'invitation aux exercices publics de 1782*, imprimé.

(5) Le 28 août 1787, au collège de Valenciennes, le 1ᵉ prix de version latine mérité par l'élève de sixième Daubresse, portait ce titre : *Instructions chrétiennes pour les jeunes gens*, publiées par ordre de l'archevêque de Besançon. Arras, 1787, in-12, latin. (Bibliothèque de M. le chanoine Daubresse, archiprêtre d'Avesnes). — Un prix de latin attribué à Jean Duvet, élève de sixième au collège de Cassel en 1782 est intitulé : *Quadraginta conciones in Adeentum de Annuntiatione Virginis Mariae*, auctore Petro HAMEIIO. Anvers, 1628, in-4ᵉ (Bibliothèque de M. le chanoine Looten, Lille).

(6) Nous avons eu sous les yeux l'une de ces médailles. Elle est en argent, grand module et fut donnée, comme prix d'excellence, en 1783, à Ignace Courouble, élève au collège Saint-Pierre de Lille. Elle se trouve aujourd'hui dans la collection de M. P. Houzé de l'Aulnoit, avocat à Lille, qui a bien voulu nous la soumettre. V. la description de cette médaille dans la *Numismatique lilloise ou description des monnaies, médailles, jetons, méréaux, etc., de Lille*, Essai par Ed. VANHENDE (Lille, 1858, in-8ᵉ), p. 229, nᵒ 581.

De ces jeunes gens bien éduqués, chrétiens éclairés et pratiquants, les maîtres veulent faire aussi des lettrés. L'enseignement est avant tout classique et comporte surtout l'étude du latin. A Tourcoing, le programme des études comprend « essentiellement les principes de la langue latine, depuis la figure jusque et y compris la rhétorique (1) » ; dans les deux collèges de Lille, on enseigne « les humanités jusque la rhétorique (2) » ; à Dunkerque (3), à Bergues (4), à La Bassée (5), à Hondschoote (6), c'est aussi le latin qui est à la base de l'enseignement secondaire dont il constitue la matière principale. Les règlements obligent même les élèves à faire usage de la langue latine dans leurs conversations et dans leurs jeux.

Il ne suffit pas, affirmait le *Règlement des collèges du ressort de l'Université de Douai*, d'entendre les auteurs latins ; il est encore nécessaire de parler leur langue : elle est la seule en usage dans nos écoles de philosophie, de théologie, de jurisprudence et de médecine ; on la parle dans tous les exercices publics et quiconque ne s'y est pas exercé depuis longtemps ne saurait prétendre à l'applaudissement de ceux qui l'écoutent, fût-il d'ailleurs un génie supérieur. . Aussi l'Université veut-elle que les maîtres parlent et obligent leurs élèves à parler latin dès le commencement de la troisième : cette loi aura également lieu en seconde et en rhétorique et on l'aurait établie même pour la quatrième

(1) A. D. Nord, L., Lille, 211, *Questions sur le régime et les ressources du collège de Tourcoing*, 1791.

(2) *Ibid.*, *Questions sur l'état de l'enseignement à Lille*, 1790; L., 1032, dos. 1, *Lettre du maire de Lille au préfet du Nord*, 1er frimaire an X.

(3) L., 1032, dos. 1, *Lettre de la municipalité de Dunkerque*, 13 prairial an IV.

(4) L., 6375, *État de l'enseignement à Bergues*, 13 décembre 1790.

(5) L., Lille, 211, *Questions sur le régime et les ressources du collège de La Bassée*, 1790.

(6) L., 6275, dos. 2, *État de l'enseignement à Hondschoote*, 7 décembre 1790.

et la cinquième si la langue française était moins négligée dans ces provinces (1).

Non seulement les écoliers de l'ancien régime apprennent le latin, ils le parlent dans leurs récréations, comme à Hondschoote (2), ou dans leurs classes de catéchisme, comme à Tourcoing (3), au collège des Augustins de Lille (4) et à Dunkerque (5).

Et la langue française? Il est difficile de se rendre un compte exact de la place qu'elle tient dans les études. La plupart des programmes scolaires des anciens collèges sont trop vagues et se résument souvent en ces quelques mots : « les humanités jusque et y compris la rhétorique » Saint-Pierre (Lille) annonce pourtant que « la langue française... et toutes les parties de la rhétorique » seront enseignées à ses écoliers (6), mais si Dunkerque (7) et Bergues (8) déclarent que « la grammaire, la syntaxe, la poésie et la rhétorique » comptent parmi les matières obligatoires, ils ne disent pas s'il s'agit du français seul, ou des langues française, latine et grecque. A Dunkerque, l'enseignement était donné en flamand le matin, en français l'après-midi (9) ; à Bergues, il l'était,

(1) Arch. comm. de Lille, carton 164, *Règlement des collèges du ressort de Douai*, 13 août 1763, imprimé, art. III, p. 33.

(2) V. p. 42, note 6.

(3) V. p. 42, note 1.

(4) Arch. comm. de Lille, carton 161, *Lettre d'incitation aux exercices publics de 1787 et de 1789.*

(5) V. p. 41, note 2.

(6) V. p. 39, note 1.

(7) V. p. 40, note 1.

(8) V. p. 41, note 1.

(9) A. D Nord, L, 6270, dos. 1, *Lettre de la municip. de Dunkerque au direct. départ.*, 7 décembre 1791. — Chanoine C. LOOTEN, *Lettres de François-Joseph Bouchette, 1735-1810, avocat à Bergues, membre de l'Assemblée Nationale Constituante.* Paris, 1909, Introd., p.8.

au moins dans les classes inférieures, entièrement en flamand (1).

Quant à l'histoire, elle paraît négligée par les régents qui semblent — et c'est bien un indice des tendances de l'époque — n'attacher d'importance qu'à la biographie des héros de la Rome républicaine. A Dunkerque, en 1767, c'est sur la mort de Lucrèce, le dévouement d'Horatius Coclès, le courage de la mère de Coriolan, Véturie, que les élèves sont interrogés aux exercices publics (2). A Tourcoing, les écoliers n'apprennent que l'histoire ancienne et « accessoirement » quelques notions d'histoire moderne et de géographie (3). Nulle part il n'est question de l'histoire du moyen âge.

En résumé, beaucoup de religion et de latin, peut-être assez bien de français et de grec, peu ou pas d'histoire et de sciences, tel est le programme des études classiques de l'ancien régime. Cet enseignement est en contradiction avec les aspirations des philosophes du XVIIIᵉ siècle. Il était religieux : ils sont les adversaires de toutes les religions. Il repose sur le principe de l'autorité et de la discipline : ils croient à la bonté originelle de l'homme, à la perfectibilité de la nature humaine qui doit être laissée libre. Il est classique : ils ont, surtout depuis la révolution scientifique opérée par Newton et vulgarisée en France par Voltaire, l'esprit ouvert aux sciences mathématiques, physiques, naturelles et trouvent ridicule que les écoliers ne soient pas initiés aux questions qui passionnent les intelligences éclairées du XVIIIᵉ siè-

(1) A. D. Nord, I., 254, *Réclamation de Lorius au direct. départ.*, décembre 1792.

(2) A. D. Nord, D, 518, 16, placard. — Sur la tendance des maîtres à élever la jeunesse dans l'admiration des héros de la Grèce et de Rome. DE SÉGUR, *Mémoires*, t I, édit. 1820, p. 86.

(3) V. p. 42, note 1.

cle. A la suite de Condillac, ils sont empiristes, concrets, partisans de l'éducation des sens et constatent que les méthodes des vieux régents sont à rebours de leurs principes.

C'est pourquoi leurs protestations s'élèvent nombreuses et acerbes. Voltaire avait dénoncé spirituellement, dans le *Dictionnaire philosophique* (1), les lacunes de l'enseignement qu'il avait reçu dans sa jeunesse :

Lorsque j'entrai dans le monde, je ne savais si François Ier avait été fait prisonnier à Pavie, ni où est Pavie. Le pays même où je suis né était ignoré de moi. Je ne connaissais ni les lois principales ni les intérêts de ma patrie. Pas un mot de mathématiques, pas un mot de saine philosophie : je savais du latin et des sottises.

En 1787, Ployart, parlant du discrédit dans lequel étaient tombées les études secondaires, s'écriait : « Collège et platitude sont devenus synonymes (2). »

Les parlementaires, gens instruits et amateurs de réformes, soutiennent en général les philosophes. La Chalotais proclame que « l'enseignement se ressent partout de la barbarie des siècles passés où l'on ne faisait étudier que ceux qui se destinaient à la cléricature (3). » Guyton de Morveau déclare « qu'à la manière dont on élève tous les enfants indifféremment », il semble que « l'éducation des collèges n'ait d'autre méthode que celle qui conduit à faire des prêtres et des théologiens (4). » Et le président Rolland :

Je ne crains pas d'avancer que, dans les collèges, le plus

(1) V. article *Education.*
(2) PLOYART, *De l'Education publique*, p. 114-115. Paris, 1785, in-8°.
(3) LA CHALOTAIS, *Essai d'éducation nationale ou Plan d'études pour la jeunesse.* Genève, p. 10, 1763, in-12.
(4) GUYTON DE MORVEAU, *Mémoire sur l'éducation publique*, p. 52, *passim*, 1764.

grand nombre des jeunes gens perdent le temps qu'ils y
passent, les uns pour avoir appris ce qu'il leur était inutile
et quelquefois nuisible de savoir ; les autres pour n'avoir pas
été instruits de ce qu'il leur était essentiel d'apprendre (1).

Philosophes et parlementaires exigent donc une transformation de l'enseignement secondaire (2). Si l'étude du
latin demande tant d'années, disent-ils, c'est que les
méthodes sont mauvaises. Qu'on enseigne donc en français la grammaire latine et qu'on se contente de l'explication rationnelle des auteurs, de la version, puisqu'aussi
bien le latin n'est pas destiné à être utilisé dans les
conversations ordinaires (3). Que le temps ainsi gagné
soit consacré à une étude plus approfondie du français,
de l'histoire, des langues vivantes et surtout des sciences
mathématiques et naturelles qui, jusqu'alors, sont restées
une annexe de la philosophie. Pour ce plan uniforme
d'éducation, Rolland voudrait voir l'enseignement secondaire organisé en un système fortement centralisé : à
Paris, devenu le chef-lieu de l'instruction publique,
siègerait un Conseil supérieur, chargé de maintenir
l'unité des méthodes, déléguant des inspecteurs pour
visiter les collèges (4).

Ce plan de Rolland peut être considéré comme le testa-
ment du XVIIIᵉ siècle. La Révolution peut venir à pré-

(1) ROLLAND, *Plan d'éducation*, 1781, in-4°. — Ce *plan d'éducation*
avait fait l'objet d'un *compte-rendu* présenté le 13 mai 1768 aux
Chambres assemblées du Parlement de Paris. — V. aussi *Recueil
de plusieurs ouvrages du président Rolland*. Paris, 1783.

(2) Cf. CROUZAZ, *Traité de l'éducation des Enfants*, 1722 ; ROLLIN,
Traité des études, 1726 ; LA CONDAMINE, *Lettre critique sur l'édu-
cation*, 1751 ; D'ALEMBERT, *Encyclopédie* au mot *Collège*; CONDILLAC,
Cours d'études, 1755, t. XV, livre II, chap. XIV, etc.

(3) ROLLIN, *op. cit.*, t. II, ch. III. — « Le temps qu'on emploie à
composer en latin est du temps perdu, disait d'Alembert...., il y
a des pédants qui s'admirent parce que leur style est cicéronien. »
SICARD, *op. cit*, p. 86 et suiv.

(4) *Recueil...*, p. 13.

sent : elle trouvera le terrain préparé ; l'impulsion est donnée, on le voit, bien avant 1789 ; le programme scolaire des pédagogues révolutionnaires est tracé d'avance : élaborer un plan d'études nouveau, établir un système d'éducation nationale, civile.

On doit reconnaître cependant que, parmi les collèges de Flandre, du Cambrésis et du Hainaut, plusieurs avaient déjà essayé de combler les lacunes de leur enseignement et de moderniser le système de leurs études. On a vu plus haut que la géographie, l'histoire ancienne et moderne étaient enseignées à Tourcoing (1) ; elles le sont aussi, d'une façon plus raisonnée et plus suivie, à Saint-Pierre de Lille. Trois fois par semaine, le mardi, le jeudi et le samedi, un professeur, subventionné par le chapitre, y donne des leçons aux écoliers et « à tous les jeunes gens de la ville que les parents veulent y envoyer (2). » Les mathématiques, la géométrie y sont professées en 1789, par l'abbé Clarisse, désireux de « se rendre utile à ses concitoyens » et de « donner au chapitre de la collégiale des preuves de sa reconnaissance pour le bénéfice qui lui avait été accordé (3). » D'autres cours libres de mathématiques sont faits, à Lille, par Saladin à qui la ville fait une pension (4). Valenciennes et Dunkerque ont aussi leur école du même genre (5). Il

(1) V. p. 44.

(2) A.D Nord, L, Lille, 212, *État des collèges de la ville de Lille*, 26 mai 1791 ; *Mémoire pour le collège Saint-Pierre*, 13 novembre 1790.

(3) *Ibid*.

(4) Saladin devint plus tard bibliothécaire de l'École centrale. (A. D. Nord, L, 1032, dos. 1, *Lettre du maire de Lille au préfet du Nord*, 1er frimaire an X). — Des prix étaient distribués aux jeunes gens qui avaient suivi ce cours de mathématiques. (*Ibid*).

(5) Cette école était tenue par le professeur Ducroc qui devait plus tard faire partie du personnel enseignant de l'École centrale. (A. D. Nord, L, 390, f° 17 v.).

existe des cours spéciaux de dessin à Lille (1), à Bergues, à Dunkerque, à Cambrai, à Douai et à Valenciennes (2). Lille s'enorgueillit de son école de botanique tenue par Lestiboudois, l'auteur de la *Botanographie de Belgique* (3), et à laquelle est annexé un jardin modèle (4). Un jardin botanique existe aussi à Valenciennes depuis 1786; c'est le médecin de l'hôpital militaire, Dufresnoy, qui est chargé par le gouvernement « de faire la démonstration publique des plantes (5). » Quant à l'étude des langues vivantes, elle parait alors attirer bien peu l'attention des éducateurs et semble réservée aux élèves désireux d'embrasser une carrière maritime ou commerciale : cinquante ou soixante de ces jeunes gens qui étudient à l'école d'hydrographie de Dunkerque, apprennent en même temps l'italien, l'espagnol, l'anglais ou l'allemand (6).

(1) Professeur Watteau. (A. D. Nord, L, Lille, 212, *Lettre de la municip. de Lille au direct. du district*, 2 germinal an III ; L, 1032, dos. 1, *Lettre du maire de Lille au préfet du Nord*, 1er frimaire an X. — DIEUDONNÉ, *op. cit.*, t. III, p. 144. — Il existait aussi à Lille, une bibliothèque publique, celle du collège Saint-Pierre, ouverte tous les jours au public, avant 1789. (A. D. Nord, L., 391, f° 50, *Lettre du bibliothécaire réclamant son traitement*, juillet 1793 ; L, 253, f° 88 v.

(2) DIEUDONNÉ, *ibid.*

(3) V. note 1.

(4) Ce jardin avait été créé en 1743 par Deséchelle, intendant de Flandre, « sous les auspices et à la réquisition des magistrats de Lille. » L'enseignement avait été confié à Pierre Cointrel, un médecin, qui donna ses leçons jusqu'en 1760. L'établissement fut supprimé durant dix années. « Mais les magistrats, sentant la nécessité et l'utilité de cette leçon, la rétablirent en 1770. » C'est alors que Lestiboudois fut chargé de la donner. (A. D. Nord, L, Lille, 212, *Lettre du district de Lille aux Comités réunis des domaines et de l'instruction publique*, 8 fructidor an II). — DIEUDONNÉ, *ibid.*, p. 143.

(5) A. D. Nord, L, 4846, *Extrait du registre aux arrêtés du direct. du district de Valenciennes*, s. d.

(6) A. D. Nord, L., 1038, dos. 3, *Lettre de la municip. de Dunkerque au direct. départ.*, 13 prairial an IV.

Largement et gratuitement distribué par des collèges
nombreux et éparpillés, placé tout entier entre les mains
du Clergé qui, de chacun de ses milliers d'élèves, veut
faire un chrétien et un lettré, tel nous apparaît l'enseignement secondaire à la fin de l'ancien régime. Son
organisation est solide, mais l'utilité des études, la valeur
des méthodes purement classiques, sont alors très dis-
cutées par les intellectuels qui trouvent les premières
insuffisantes, les autres défectueuses et surannées. Dans
certaines maisons plusieurs tentatives ont été faites pour
moderniser les études. Mais soit routine, soit défaut de
ressources, manque de personnel ou absence d'idées direc-
trices pour la mise en vigueur d'un nouveau système
d'enseignement, l'ensemble des collèges est resté étranger
à toute amélioration.

L'opinion publique néanmoins ne leur est pas défavo-
rable, en général. A la veille de la Révolution, elle ne
rêve pas d'un bouleversement total de l'enseignement
secondaire et se contente de désirer quelques réformes
scolaires.

Deux cahiers seulement protestent, en 1789, contre le
nombre trop restreint des collèges. Il en existait huit
dans la Flandre maritime, pourtant le Tiers Etat de cette
province en voudrait davantage encore et invite le gouvernement à en installer dans toutes les villes de la
région (1). De même, le Tiers Etat du Hainaut en réclame
deux nouveaux, à Saint-Amand et à Condé (2).

(1) E. DE COUSSEMACKER, *Elections aux Etats généraux de 1789
dans la Flandre maritime* (Annales du Comité Flamand de France,
t. VII, 1863-1864, p. 264, art. 33).

(2) Arch. comm. de Saint-Amand, BB1, *Cahier du Tiers Etat du
Hainaut réuni au Quesnoy,* 19 avril 1789, art. 96; AA2, *Cahiers de
la municipalité de Saint-Amand,* p. 66, 13'.— A. BOCQUILLET, *Cahier
des cœux, plaintes, doléances et remontrances du Tiers Etat du Hainaut réuni au grand bailliage du Quesnoy.* (Bull. de la Soc. d'Et. de
la prov. de Cambrai, t. VIII, 1906, p. 241).

D'autres, plus nombreux, demandent que pour enseigner la jeunesse, *les réguliers soient préférés aux séculiers*. A Lille, la Noblesse voudrait que les collèges soient exclusivement confiés à des religieux et « par préférence, à ceux qui vivent en congrégation, comme ayant plus de facilité pour procurer et choisir les sujets convenables à l'enseignement de la jeunesse, qui est d'une si grande importance pour la religion, pour les mœurs et pour l'Etat (1). » A Bailleul, elle émet un vœu analogue mais ajoute que, dans les endroits où il n'y a point de réguliers susceptibles d'assumer la direction des établissements, on devra laisser « subsister les collèges qui s'y trouvent, comme seule ressource pour les parents qui, faute de moyens ou par d'autres considérations, ne voudraient ou ne pourraient pas s'éloigner de leurs enfants (2). » A Douai, elle demande au roi que « les abbés, prieurs et autres soient chargés de l'éducation de la jeunesse et d'établir des écoles pour les pauvres (3). » Plusieurs cahiers du Tiers Etat contiennent des vœux semblables. A Bergues, le Tiers réclame malicieusement « que l'éducation et l'instruction exercées... par le collège, soient désormais confiées aux religieux de l'abbaye de Saint-Winoc... dont le zèle et le dévouement sont trop bien connus, pour ne pas se persuader qu'ils meurent de la satisfaction à remplir cet objet du bien public... (4). »

---

(1) *Arch. parlement.*, publiées par MAVIDAL et LAURENT, 1re série, t. III, p. 530.

(2) *Ibid.*, t. II, p. 173. — E. DE COUSSEMACKER, *loc. cit.*, p. 24. — A. DE SAINT-LÉGER et Ph. SAGNAC, *Les cahiers de la Flandre maritime en 1789*, t. II, p. 419, art. 45.

(3) *Arch. parlement.*, t. III, p. 177.

(4) *Mémoire pour les officiers municipaux de la ville et châtellenie de Bergues, concernant l'Assemblée du Tiers Etat de ladite ville, tenue les 24 et 25 mai 1789*, placard (à M. le chanoine LOOTEN), 1789, art. XLI, p. 18.

Le Tiers Etat de la Flandre maritime (1), du Cambrésis (2), d'Avesnes (3), le Clergé d'Avesnes (4), les villes
de Douai (5) et de Dunkerque (6), les magistrats et le
conseil particulier de Valenciennes (7) sont du même
avis.

Ces sentiments ne sont pas, d'ailleurs, particuliers à la
bourgeoisie de la Flandre et du Hainaut : ils sont aussi
ceux du Tiers Etat dans tout le royaume où l'on appréciait,
depuis le départ de Jésuites, le talent et le zèle des
Oratoriens, des Pères de la doctrine chrétienne et de
tous les religieux qui se dévouaient à l'enseignement.
Même ceux qui attaquaient les Ordres en général, et
leurs richesses, partagent cette manière de voir. Ils
pensaient, au fond, comme Voltaire qui, hostile au clergé,
ne cessa d'apprécier et d'aimer les Jésuites du collège
Louis-le-Grand, qui avaient été ses maîtres et qui furent
de remarquables éducateurs.

Mais en demandant que l'enseignement soit confié aux
congrégations religieuses, le Tiers Etat désire qu'il ne
lui coûte rien. Il veut même, à Avesnes (8), à Douai (9),
à Cambrai (10), qu'il soit *gratuit* et que les revenus des
collèges soient affectés à des bourses données au concours,

(1) V. p. 52, note 2.

(2) *Arch. parlement.*, t. II, p. 520, art. 37. — A. DE SAINT-LÉGER et
Ph. SAGNAC, *op. cit.*, t. I, p. 133 ; t. II, p. 421.

(3) *Arch. parlement.*, t. II, p. 148.

(4) *Ibid.*, p. 150.

(5) *Ibid.*, t. III, p. 185.

(6) A. DE SAINT-LÉGER et Ph. SAGNAC, *op. cit.*, t. II, p. 305.

(7) *Arch. parlement.*, t. VI, p. 97.

(8) *Ibid.*, t. II, p. 158.

(9) *Ibid.*, t. III, p. 181.

(10) *Ibid.*, t. II, p. 521.

ou même, comme le demande Cambrai (1), qu'ils soient versés à une caisse provinciale, à la décharge de l'impôt, ou à une caisse de charité. Les biens des religieux devront suffire à entretenir les maîtres, dit-il, dans la Flandre maritime (2). En cette province, les habitants de Coude-kerque sont même plus âpres dans leurs revendications :

Ils ont, disent-ils, à remontrer à Sa Majesté que relative-ment à la suppression des membres de la société jésuitique, il est resté une masse de biens-fonds après cette suppres-sion ; que ces biens pourraient être employés, dans les cir-constances actuelles, à un meilleur usage qu'à celui auquel ils sont destinés présentement, savoir aux études de la jeu-nesse : car de fait, ces études pourraient être mieux placées entre les mains des moines oisifs et dont l'opulence pour-rait suppléer pour le progrès de l'émulation des étudiants, tandis que, pour lors, Sa Majesté pourrait s'emparer desdits biens et en faire l'emploi le plus propre et le plus convena-ble au redressement de ses finances. C'est là le motif qui a déterminé les habitants susdits de porter leur plainte sur l'administration actuelle de ces biens et avec d'autant plus de raison que ces études ne florissent guère, parce que, d'un côté, la moitié du temps s'évapore en jours de congé et que, d'un autre, la longueur du temps qu'il faut y employer fait perdre les plus beaux jours de la jeunesse... (3).

L'idée de la sécularisation des biens ecclésiastiques, si fréquemment exprimée alors par le Tiers Etat, par la Noblesse et même par le bas Clergé, fait son chemin jusque dans ce pays de la Flandre maritime, pourtant si catholique. Et si les Flamands sont favorables aux reli-gieux, c'est non seulement parce que les religieux sont de bons éducateurs, mais aussi parce qu'ils ne leur coûteront rien et donneront même, gratuitement,

_____

(1) *Arch. parlement.*, t. II, p. 525.
(2) *Ibid.*, p. 176. — A. DE SAINT-LÉGER, *op. cit.*, t. II, p. 421, E. DE COUSSEMACKER, *loc. cit.*, p. 264.
(3) A. DE SAINT-LÉGER et Ph. SAGNAC, *op. cit.*, t. II, p. 207.

l'enseignement à leurs enfants. Ce sera tout profit pour
eux. C'est sans doute parce que les collèges ne seront
pour eux l'objet d'aucune dépense qu'ils en ont demandé
la multiplication (1).

On réclame aussi des modifications dans l'administration des collèges et surtout dans l'organisation des
études. Quelques cahiers — mais ce sont surtout ceux de
la Noblesse, Noblesse du Hainaut (2), Noblesse de la
Flandre maritime (3), et aussi ceux des habitants non
corporés de Bergues (4) — demandent que les collèges
soient *placés sous la surveillance des Etats provin-*
ciaux ; les autres les laissent aux municipalités, suivant
l'esprit essentiellement municipal du pays. D'autres
cahiers, comme celui des ecclésiastiques attachés à la
métropole de Cambrai désirent, pour améliorer le
recrutement des maîtres, que « l'éducation publique ne
soit confiée qu'à des instituteurs vertueux et éclairés,
qui seront choisis par concours (5). »

Mais c'est surtout l'esprit de l'enseignement qui est
critiqué. Il faut, dit-on, établir *un plan nouveau et*
uniforme des études qui ramènera tous les établissements à l'uniformité des programmes et des méthodes :
tel est l'avis des trois Ordres de Douai (6), des habitants
de Valenciennes (7) et de la communauté des chapelains
de Saint-Géry à Cambrai (8). Mais ce plan nouveau et
uniforme, quel est-il ? En quoi s'inspire-t-il de ceux

(1) V. plus haut, p. 49.
(2) *Arch. parlem.,* t. V. p. 505.
(3) E. DE COUSSEMACKER, *loc. cit.,* p. 235, art. 18 ; p. 240, art. 46.
(4) A. DE SAINT-LÉGER et Ph. SAGNAC, *op. cit ,* t. II, p. 51.
(5) *Arch. parlement.,* t. VI, p. 752.
(6) *Ibid.,* t. III, p. 174.
(7) *Ibid.,* t. VI, p. 97.
(8) *Ibid.,* p. 753.

qu'avaient proposés le président Rolland, La Chalotais et les autres réformateurs du XVIII° siècle ? Nous n'en savons rien, car aucune pièce d'archives ne nous renseigne à ce sujet.

On trouverait sans doute dans les cahiers encore inédits du Cambrésis, du Hainaut et de la Flandre wallonne, d'autres traces des sentiments que les populations nourrissent à l'égard de l'enseignement secondaire. Les documents que nous avons apportés plus haut suffisent cependant à prouver que l'état des collèges et le caractère des études ne satisfont pas tout le monde. Mais il faut bien constater que si les cahiers veulent des professeurs religieux, surtout pour assurer la gratuité des classes, s'ils réclament des changements dans l'administration des maisons d'éducation, dans le recrutement des maîtres, dans le plan des études, ils ne condamnent pas pour cela, de façon formelle, l'enseignement religieux et classique de l'ancien régime.

CHAPITRE II

CHANGEMENTS APPORTÉS DANS L'ENSEIGNEMENT SECONDAIRE PAR LES DÉCRETS DE L'ASSEMBLÉE CONSTITUANTE. — ÉTABLISSEMENT D'UN RÉGIME SCOLAIRE PROVISOIRE (1790-1791)

Les lois de la Constituante. — Les professeurs et le serment. — Disparition presque totale du personnel enseignant. — Disparition de quinze
collèges. — Recrutement des nouveaux professeurs pour les autres ;
longs retards. — Nouveaux bureaux d'administration.

Il n'entre pas dans les intentions de l'Assemblée nationale de légiférer sur l'enseignement secondaire. Le 13 octobre 1790, elle a décrété qu'elle ne s'occuperait « d'aucune partie de l'Instruction publique », jusqu'au moment
où le Comité de l'Instruction publique lui présenterait
« un travail relatif à cette partie de la Constitution (1). »
Ce premier décret, elle le confirme par un autre, daté du
26 septembre 1791, stipulant que « les corps et établissements d'éducation existant dans le royaume continueront
d'exister provisoirement sous le régime actuel et suivant
les mêmes lois, statuts et règlements qui les gouver-
nent. » Elle ne promulgue donc, pas plus d'ailleurs que
la Législative, aucune loi scolaire proprement dite.

(1) GUILLAUME, *Procès-verbaux du Comité de l'Instruction publique sous l'Assemblée législative*, Introduction, pp. XIII et XIV.

C'est pourtant sous sa législature que fut ruiné l'organisme scolaire que nous venons d'étudier. En vertu du décret du 2 novembre 1789, qui mettait « les biens ecclésiastiques à la disposition de la nation » et du décret du 14 avril 1790 qui les aliénait, elle plaça les congrégations enseignantes dans l'impossibilité de subsister et, par suite, de remplir leur office (1). Puis, par la loi du 23-28 octobre 1790, elle traita les propriétés foncières des collèges comme des biens nationaux et en confia l'administration aux municipalités auxquelles elle interdit, en même temps, de les mettre en adjudication immédiatement. Par un troisième décret du 3 décembre 1790, elle supprima cette dernière clause et ordonna de mettre en vente seulement les biens scolaires immobiliers des établissements qui n'étaient pas destinés à l'enseignement public avant le 2 novembre 1789 (2). Les riches établissements se trouvèrent ainsi dépossédés et privés de tous leurs revenus. Les plus pauvres, subventionnés par les municipalités grâce à des taxes sur les boissons, furent, à leur tour, réduits à l'impossibilité de subsister, par la loi du 25 février 1791 qui supprima les octrois municipaux.

Non seulement la Constituante tarit les sources financières de l'enseignement, mais elle disperse le personnel enseignant. Après avoir aboli les Ordres religieux (5 février 1790) et voté la Constitution civile du clergé (12 juillet 1790), elle rend le serment obligatoire, sous peine de déchéance, pour toutes les personnes chargées de l'instruction publique (décret du 27 novembre 1790, sanctionné par le roi, le 26 décembre ; loi du 22 mars 1791 ;

(1) Cf. TAINE, *La Révolution*, t. I, p. 229.

(2) DUVERGIER, *Collection des lois*, t. II, p. 78. — Ce décret s'appliquait également aux biens des séminaires, des établissements de retraite, des hôpitaux, des maisons de charité, etc... (A. D. Nord, L, 4826, placard).

loi du 17 avril 1791). D'autre part, les bureaux d'administration des collèges sont également bouleversés par la
suppression de l'ancienne magistrature et la création de
nouvelles charges administratives.

Les lois et les décrets sur le serment civique furent
diversement accueillis par les professeurs. A Avesnes,
seul, le principal Nicolas prêta serment (1) ; en revanche, tous les professeurs de Bergues jurèrent, à l'exception
d'un seul, Varlet, professeur de troisième (2) ; au collège
royal de Douai, les assermentés furent deux seulement (3). Au collège de la ville de Lille, ils furent six
sur neuf : les abbés Guffroy, Debacq, Desmazières, Quirez, Leroy, Ducastillon (4) ; un seul à Valenciennes, le
professeur de troisième, Grenet (5) ; un seul aussi à

(1) Deux professeurs, Liézard et Gallicet, jurèrent comme lui
mais se rétractèrent ensuite. (A. D. Nord, L, 1823, dos. 2, *Etat
nominatif des professeurs du district d'Avesnes qui ont refusé le
serment*, 14 octobre 1791). Il fut, bientôt après, nommé à la cure
de Trélon (A. D. Nord, L, 1033, dos 1, *Rapport du district d'Avesnes au direct. départ.*, 1790 ; *Lettre du direct. départ à la municipalité d'Avesnes*, 27 novembre 1791.

(2) Ils furent aussi nommés à des cures et quittèrent le collège.
(A. D. Nord, L, 6275, *Etat de l'enseignement à Bergues, Lettre de la
municipalité au direct. départ.*, 8 mars 1872 ; Arch. municip. de
Bergues, *premier registre aux délibérations*, 26 janvier 1790 - 16 mai
1793, f° 44 v.).

(3) Delabuisse professeur de cinquième, et Barbier, professeur
de sixième au collège du roi. (A. D. Nord, L, Douai, 327, *Lettre de
la municipalité au direct. départ.*, 19 mai 1791).

(4) Guffroy devint plus tard professeur à l'Ecole centrale,
Debacq fut nommé curé de Tourcoing, Desmazières, après avoir
occupé diverses fonctions dans l'enseignement, fut professeur au
lycée de Douai, en 1802 ; Leroy fut désigné pour la cure de Roncq,
Ducastillon pour celle de Wasquehal. (A. D. Nord, L, Douai, 212,
Etat des collèges de Lille, 26 mai 1791 ; L, 1033, dos., 1, *Lettre du
direct. du district au direct. départ.*, 15 juin 1791). Les réfractaires
furent le principal Le Pan, le sous-principal Leclercq et le professeur de troisième Doublet (*ibid.*).

(5) Il devint principal du collège. (Arch. comm. de Valenciennes,
K 4, 2 bis, *Etat des professeurs*, 30 mai 1791, cop. simp.).

Maubeuge, Michel, professeur de rhétorique (1). Presque partout ailleurs les refus furent unanimes, notamment à Bailleul (2), à Bavay (3), à Bouchain (4), à Cambrai (5), à Cassel (6), à Auchin et à Saint-Waast de Douai (7), à Dunkerque (8), à Hazebrouck (9), à Saint-Pierre de Lille (10), à Orchies (11), au Quesnoy (12), à Tourcoing (13). A Landrecies, le prêtre chargé de la péda-

(1) A. D. Nord, L., 4831, *Extrait du registre des délibérations du bureau d'administration du collège de Maubeuge*, 26 avril 1791.

(2) A. D. Nord, L., 4822, *Etat des professseurs de Bailleul*, 1791.

(3) A. D. Nord, L., Lille, 211, *Lettre du citoyen Paul au direct. départ.*, 4 novembre 1791 ; Arch. nat., F¹⁷, 1315 n, *Tableau de l'instruction publique dans le district du Quesnoy*, 1792.

(4) A. D Nord, L., 1035 bis, dos. 2, *Rapport du quatrième bureau au direct. départ.*, janvier 1792 ; L., 267, f° 37 r., *Lettre du direct. départ. à la municip. de Bouchain*, 12 octobre 1791.

(5) A. D Nord, L., 264, f° 80 v., *Lettre du direct. départ. au disirict de Cambrai*, 13 mai 1791.

(6) A. D. Nord, L., Hazebrouck, 17, f° 177, *Lettre des administrateurs du district d'Hazebrouck*, 28 octobre 1792 ; L., 267, f° 36 v., f° 113, *Lettres du direct. départ. à la municip. de Cassel*, 12 octobre, 16 novembre 1791.

(7) A D. Nord, L., 1035, dos. 2 ; L, Douai, 327, *Lettre de la municip. de Douai au direct. départ.*, 19 mai 1791. — Les professeurs déclarent eux-mêmes que « le serment prescrit par les décrets du 26 décembre 1790 et du 24 mars 1791 a répugné à leurs consciences. » (A. D. Nord, L, 4828, *Lettre des professeurs de Saint-Waast*, 1791 (s. d.).

(8) A. D. Nord, L., 266, f° 59 r., *Lettre du direct. départ. au district de Bergues*, 19 août 1791.

(9) A. D. Nord, L., 4831, *Etat du collège d'Hazebrouck*, 22 octobre 1791.

(10) A. D. Nord, L, Lille, 212, *Etat des collèges de Lille*, 26 mai 1791 ; L, 1032, dos. 1, *Lettre du direct. départ.*, 15 juin 1791.

(11) A. D. Nord, L., 1035, dos, 3, *Etat nominatif des professeurs d'Orchies*, 1791.

(12) L., 1023, dos. 3, *Lettre du principal à la municip. du Quesnoy*, 26 septembre 1790 ; 1, 265, f° 103 r., *Lettre du direct. départ au district du Quesnoy*, 20 juillet 1791 ; L, 1033, dos. 3, *Lettre du district du Quesnoy au direct. départ.*, 24 septembre 1791.

(13) Cf. LECOMTE, *op. cit.*, p. 27.

gogio quitta l'immeuble qu'il occupait pour se soustraire
au serment (1). Nous ignorons si les Récollets d'Estaires
et d'Hondschoote imitèrent leurs confrères de Bouchain,
de Cassel et de Tourcoing, mais il est probable que les
religieux de Saint-André du Cateau, qui furent contraints
d'abandonner leur collège, doivent être compris parmi les
réfractaires (2). Quant aux professeurs de La Bassée, de
Merville et d'Armentières, on ne sait de quel côté ils se
rangèrent.

Bref, sur un total de 102 personnes attachées à l'enseignement dans les 26 collèges du département du Nord,
16 prêtèrent serment à la Constitution civile du clergé,
68 furent réfractaires : restent 18, sur la conduite
desquelles nous n'avons aucun renseignement.

Le 4 août 1791, le directoire départemental envoya à
toutes les municipalités une circulaire réclamant la liste
des insermentés.

Il est temps, disait-il, que la jeunesse soit retirée de leurs
mains et confiée à des personnes imbues des principes de
la Constitution et qui les feront germer dans le cœur de
leurs élèves (3).

En vertu du décret du 15 avril, les « fonctionnaires
publics » chargés de l'instruction, qui avaient refusé le
serment à la Constitution, étaient en effet déchus de leurs
fonctions et devaient quitter les établissements d'instruction. De leur côté, les assermentés, presque tous membres
du clergé séculier, furent affectés au ministère des
paroisses, et, comme les premiers, abandonnèrent les

(1) Arch. nat. F 17, 1315 u, *Tableau de l'instruction publique dans
le district du Quesnoy*, 1792.

(2) V. plus loin, p. 61-62.

(3) A. D. Nord, Lille, 212, *Circulaire du direct. départ.*, 4 août
1791.

collèges. Ce fut donc l'anéantissement total du personnel enseignant de l'ancien régime.

En recruter un nouveau n'était point chose aisée pour les municipalités des petites villes qui subventionnaient leur collège grâce aux droits d'octroi sur les boissons. Ces droits étant supprimés par la loi du 25 février 1701, elles se trouvaient sans ressources. La ville de Bouchain réclama auprès du directoire départemental le maintien de son collège. Elle fit valoir qu'elle était pauvre et impuissante à donner à des laïques des traitements plus élevés que ceux dont se contentaient les Récollets (1). Les administrateurs du département lui demandèrent quels sacrifices elle pouvait consentir pour salarier de nouveaux professeurs, et quel « supplément de fonds il faudrait ajouter (2). » Elle réclama 1.500 livres qu'elle n'obtint pas, et le collège fut supprimé (3). La municipalité de Cassel fit, elle aussi, des démarches pour « que l'enseignement fût continué à la pédagogie » par ses Récollets « qu'elle n'avait pu payer et qu'elle ne pouvait renvoyer (4). » Celle d'Estaires ferma les portes de son collège (5); de même celle d'Hondschoote qui avait cependant déclaré « n'avoir rien de mieux à désirer que

(1) A. D. Nord, L, 1035 bis, dos. 2, Rapport au direct. départ., janvier 1792, rappelant la demande faite par la municipalité en 1791 ; L, 267, f° 37 r.-37 v., Lettre du direct. départ. à la municip. de Bouchain, 12 octobre 1791.

(2) A. D. Nord, L, 267, f° 113, Lettre du direct. départ. au district de Valenciennes, 22 décembre 1791.

(3) A. D. Nord, L, 1035 bis, dos. 2, Rapport au direct. départ., janvier 1792.

(4) A. D. Nord, L, 1031, dos. 2, Lettre de la municip. de Cassel au direct. du district d'Hazebrouck, 10 août 1791 ; Lettre du direct. départ., 16 novembre 1791.

(5) Le 17 brumaire an II, elle déclarait au directoire départemental que l'enseignement secondaire était supprimée chez elle depuis quatre ans. (A. D. Nord, L. 1031, dos. 3).

ce qui existe (1). » Celle de Merville adressa au département une pétition pour conserver son établissement.

Il a été, disait-elle, constamment très suivi et a donné de
bons sujets...; il n'est pas seulement utile à la ville, mais
encore aux paroisses voisines qui entourent Merville, dont
la plupart, ne parlant que la langue flamande, trouve
l'avantage de faire apprendre la langue française aux
enfants en même temps qu'ils y font de bonnes études.

Elle demandait que le département le prit à sa
charge (2). Il lui fut répondu que les deniers publics ne
pouvaient être affectés à des dépenses particulières, et le
collège fut sacrifié (3). La ville du Quesnoy ne se trouva
pas en un moindre embarras. Dès la suppression des
droits d'octroi, elle avait dû « vendre une partie des
jardins pour nourrir les régents de son collège (4). » Les
officiers municipaux constataient, le 9 mai 1791, que tous
les professeurs, ayant abandonné leurs fonctions en avril,
« la jeunesse perd son temps dans l'oisiveté et la paresse. »
Ils sollicitèrent, eux aussi, l'assistance pécuniaire du
département, mais leur demande fut repoussée (5).
Il en fut de même à Landrecies (6). Au Cateau, ce
furent les habitants eux-mêmes qui adressèrent leur

(1) A. D. Nord, L. 6273, dos. 2, *État de l'enseignement à Hondschoote*, 7 décembre 1790.

(2) A. D. Nord, L. 1031, dos. 5; L. 300, f° 56 v., *Pétition de
la municip. de Merville*, 20 novembre 1791.

(3) A D. Nord, L. 1031, dos. 5, *Lettre du direct. du district d'Hazebrouck à la municip. de Merville*, 25 novembre 1791 ; *Lettre du
même au direct. départ.*, 15 mars 1792 ; L. 261, f° 176 r., *Lettre du
direct. départ. à la municip. de Merville*, 19 décembre 1791 ; L. 260,
f° 4 r., *Lettre du même au district d'Hazebrouck*, 10 février 1792.

(4) Arch. nat., F 17, 1315 b, *État de l'enseignement dans le district
du Quesnoy*, 1792.

(5) A.D. Nord, L. 1033, dos. 3, *Lettre de la municip. du Quesnoy
au direct. départ.*, 9 mai 1791 ; L. 4832, *Arrêté du direct. départ.*,
12 juillet 1791 ; L. 263, f° 1, *Lettre du direct. départ. au district du
Quesnoy*, 22 décembre 1791.

(6) V. note 4.

pétition : elle fut rejetée comme les autres (1). Les religieux de Saint-André proposèrent alors au directoire
départemental de transférer le collège dans leur monastère et offrirent de l'augmenter d'une classe de mathématiques (2). Ils espéraient sans doute, par ce moyen,
sauver leur abbaye devenue maison d'enseignement (3).
Malgré leurs efforts, l'enseignement secondaire disparut
de la cité. Les ressources faisant défaut, il cessa aussi à
Bavay (4), à Tourcoing et à La Bassée (5).

Il en fut de même dans les grandes villes quand les
collèges ne pouvaient assurer aux professeurs des traitements convenables. A Douai, les religieux de Saint-Waast
ayant dû cesser leurs leçons en dépit des instances des
pères de famille, leur maison fut fermée (6) ; l'enseignement fut aussi suspendu au collège du Roi (7).

(1) A. D. Nord, L, 390, f° 9 v., *Pétition des habitants du Cateau*,
31 août 1790 ; L, 258, f° 3 v., *Avis du direct. départ.*, 26 octobre 1790.

(2) A. D. Nord, L, 106, f° 108, *Lettre des religieux de Saint-André
au direct. départ.*, 11 décembre 1790.

(3) On sait que les immeubles ecclésiastiques directement
utilisés par l'enseignement ne devaient pas être aliénés comme
biens nationaux. (*Décret*, 3 décembre 1790).

(4) Le nouveau principal de Maubeuge, Contamine, dénonça au
directoire départemental la présence des Oratoriens insermentés
de Bavay qui continuaient d'enseigner. La directoire départemental ordonna de les expulser. Ils licencièrent leurs élèves le
13 mai 1792 et quittèrent la ville le 14. (A. D. Nord, L, 1823, *Lettre
du direct. du district du Quesnoy*, 17 mai 1792 ; Arch. nat., F¹⁷, 1315 b,
Tableau de l'instruction publique dans le district du Quesnoy, 1792.

(5) Les municipalités de Tourcoing et de La Bassée avaient
aussi envoyé au département des observations sur l'utilité des
collèges et témoigné leur désir de les conserver. (A. D. Nord, L,
Lille, 211, *Questions sur le régime et les ressources du collège de
Tourcoing*, 1790 ; L, Lille, 221, *Questions sur le régime et les ressources du collège de La Bassée*, 1790. — LECOMTE, *op. cit.*, p. 31.

(6) A. D. Nord, L, 1828, *Lettre des professeurs de Saint-Waast
au Ministre de l'Intérieur*, octobre 1791.

(7) A. D. Nord, L, Douai, 327, *Tableau de l'instruction publique
à Douai*, 15 septembre 1792.

Lille perdit l'un de ses deux établissements. Prévoyant la difficulté de remplacer les professeurs réfractaires de Saint-Pierre, le directoire du district avait, le 26 mai 1791, proposé de réunir les deux maisons en une seule, dénommée collège du district de Lille, qui serait établie dans les vastes locaux du collège de la ville, placé aux Bleuets (1). Il ajoutait, dans un mémoire daté du 15 juin suivant :

> Si, à la fin du cours de l'année scolastique, on réunit le collège Saint-Pierre à celui de la ville... comme nous l'avons proposé.., chaque classe du nouveau collège sera alors très nombreuse et l'émulation ne pourra qu'augmenter (2).

Les administrateurs du département n'ayant pris aucune décision, le directoire du district de Lille écrivit de nouveau, le 20 septembre :

> L'époque de la rentrée des classes d'humanités approche, et nous ignorons si on devra continuer l'enseignement dans le collège Saint-Pierre en cette ville. Malheureusement, aucun des professeurs de ce collège très bien monté et qui a toujours fait d'excellents élèves, n'a prêté le serment prescrit. Nous vous prions, Messieurs, de vouloir bien nous dire si nous devons ou point laisser rouvrir le collège à la saint Remi prochaine (3).

La réponse envoyée de Douai, le 30 septembre, enjoint, au district de « tenir la main à ce que le collège Saint-Pierre ne soit pas ouvert... et reste fermé jusqu'à nouvel ordre (4). » Le nouvel ordre ne se fit pas attendre.

(1) A. D. Nord, L, Lille, 212, *État des collèges de Lille*, 26 mai 1791.

(2) A.D. Nord, L, 1032, dos. 1.

(3) *Ibid.*

(4) A.D. Nord, L, Lille, 211; L, 1032, dos. 1; L, 207, f° 6 r.; *Lettre du direct. départ. au district de Lille*, 30 septembre 1791.

L'Assemblée venait précisément de se décider, le 26 septembre, à maintenir l'enseignement secondaire dans le *statu quo*, et la fermeture de Saint-Pierre devenait une mesure illégale. Avec empressement, le directoire départemental résolut donc, le 4 octobre, de « rouvrir le collège » avec un personnel nouveau dont la liste devait lui être soumise (1) et insista, le 9, sur la promptitude qu'il fallait apporter dans l'exécution de ses nouveaux ordres (2). Deux jours après, le district faisait appel, par voie d'affiches, aux hommes « capables de remplir les chaires (3). » Ce fut au tour de la municipalité lilloise de s'émouvoir. A quoi bon deux collèges ? disait-elle en substance ; celui qui survit compte seulement 115 élèves, parmi lesquels beaucoup d'anciens de Saint-Pierre (4). Rétablir ce dernier, ce sera créer une rivalité, « un schisme dangereux. » Saint-Pierre ne « contenait que des gens imbus des principes aristocratiques », désire-t-on faire revivre son esprit? D'autre part, il n'a pas de revenus suffisants pour payer ses régents laïques : veut-on augmenter les charges de l'État? Nous ne savons si ses réclamations furent écoutées ou si les « hommes capables » firent défaut. En tout cas, le 30 novembre, le directoire départemental constatait qu'il « n'y avait pas lieu de nommer des professeurs » et Saint-Pierre fut définitivement fermé (5).

Sans promulguer de loi proprement dite sur l'enseignement secondaire, l'Assemblée nationale constituante se

(1) A.D. Nord, L, 1032, dos. 1.

(2) L, Lille, 211, L, 207, f· 3 r.

(3) L, Lille, 212, *Affiche du district de Lille*, 11 octobre 1791.

(4) *Ibid.*, *Lettre de la municip. de Lille au direct. du district*, 11 octobre 1791.

(5) A. D Nord, L, 1032, dos. 1, *Lettre du citoyen Allent au direct. départ.*, 30 novembre 1791.

trouvait donc, par ses décrets contre le clergé et les biens ecclésiastiques, avoir causé la ruine de quinze maisons d'éducation. Les onze établissements qui échappèrent au désastre furent Avesnes, Bailleul, Bergues, Cambrai, Cassel, Anchin (de Douai), Dunkerque, Hazebrouck, le collège de la ville de Lille, Maubeuge et Valenciennes.

Encore fallait-il procéder à une réorganisation complète de ces collèges. Par la loi du 15 avril, l'Assemblée avait confié aux municipalités le choix du nouveau personnel enseignant (art. A). Elles devaient établir un concours entre les candidats si ce mode de recrutement avait existé jusque-là, ou bien se contenter de réunir les demandes, titres et certificats des aspirants et les transmettre aux administrateurs du département par l'intermédiaire du district (1), puis recevoir le serment des professeurs agréés et les installer (2). Une autre loi, celle du 5 novembre, les avait chargées de remplacer les anciens bureaux d'administration, légalement disqualifiés en même temps que l'ancienne magistrature (titre I, art. 10).

Pour donner à la loi du 15 avril un commencement d'exécution, le directoire départemental fait diligence. Dès le 13 mai, il envoie une circulaire aux municipalités :

L'éducation publique ne pouvant souffrir d'interruption sans qu'il en résulte de grands inconvénients par la perte du temps des écoliers et leur désertion qui deviendrait forcée, il est instant qu'il soit pris les mesures nécessaires pour en assurer la continuation.

(1) A. D. Nord, L, 1035 bis, dos. 1, Lettre du direct. départ. à la municip. de Valenciennes, 1791 ; L, 4832, Arrêté du direct. départ., 12 juillet 1791 ; L, '33, dos. 2, Rapport du quatrième bureau, 17 octobre 1791.

(2) A. D. Nord, L, 1031, dos. 1, Lettre du district d'Hazebrouck à la municip. de Bailleul, 17 août 1791 ; L, Lille, 22 ; Lettre du direct. départ aux districts, 20 septembre 1791.

5

Il leur enjoint donc de dresser l'état nominatif des professeurs qui n'ont pas prêté serment, en désignant les places qu'ils occupent et les candidats qui se présentent pour les remplacer (1). L'exécution de ces ordres va rencontrer de grandes difficultés.

Le collège national de Douai qui offrait des traitements alléchants fut rapidement pourvu d'un personnel nouveau, dont la municipalité pouvait envoyer la liste au département, le 17 mai (2). Les officiers municipaux de Valenciennes, de leur côté, n'avaient même pas attendu la circulaire du 13 mai pour expulser les réfractaires, et, le 28 avril, procéder, de leur propre autorité, à la nomination de cinq nouveaux régents. Or l'édit de 1763 qui régissait le collège et auquel il ne devait pas être dérogé, exigeait qu'il fût établi, entre les candidats, un concours annoncé par des affiches. Les nominations du 28 avril étaient donc illégales à un double titre : elles étaient contraires à la constitution du collège et violaient la loi du 15 avril qui réservait la nomination des nouveaux professeurs au directoire départemental. Celui-ci les annula, le 4 mai, et imposa à la municipalité valenciennoise des conditions humiliantes :

Les principal, sous-principal, professeurs et régents du collège qui n'en ont été expulsés qu'en vertu des délibérations de la municipalité, doivent rentrer dans cette maison et dans leurs fonctions ; il s'ensuit que ceux qui n'y sont entrés au contraire qu'en vertu des mêmes délibérations, doivent en sortir et remettre la place aux anciens qui... n'ont pas été légalement remplacés (3).

(1) A. D. Nord, L, 1032, dos. 1.
(2) A. D. Nord, L, Douai, 237, *Lettre de la municip. de Douai au direct. départ.*, 17 mai 1791.
(3) A. D. Nord, L, 4837, *Lettre du direct. du district de Valenciennes à la municip.*, 6 mai 1791.

Il l'obligea à procéder, dans le délai de quinze jours, à la réintégration légale des professeurs renvoyés (1). Elle destitua donc ceux qu'elle avait élus et rétablit les anciens. Mais, le 24 juillet, aucune élection nouvelle n'avait été faite et le maire annonçait au département qu'il avait « longtemps différé au remplacement des professeurs insermentés dans l'espoir qu'ils changeraient d'opinion (2). » Le département ne se méprit point sur la valeur de l'excuse. Pour faire disparaître tout motif de mauvaise volonté, il consentit à approuver la nomination, faite le 28 avril, des cinq professeurs, mais déclara que, pour les chaires auxquelles il restait à pourvoir, les officiers municipaux devraient se conformer aux articles 1er et 2e de la loi du 15 avril (3). Forts de cette première victoire, les édiles valenciennois, refusant d'admettre l'intervention de l'administration départementale dans les nominations aux chaires d'un collège qui leur appartenait, disaient-ils, élurent eux-mêmes les trois nouveaux professeurs, au scrutin individuel (4). Le directoire départemental cassa l'élection et adressa au ministre de l'Intérieur un long mémoire où il se plaignit de la mauvaise volonté de cette municipalité (5). Celle de Cambrai qui avait vu, elle aussi, annuler ses premières élections faites sans concours, se montra plus docile et réunit légalement son personnel enseignant vers la fin de l'année scolaire

(1) A. D. Nord, L, 1035 bis, dos. 1, *Mémoire au ministère de l'Intérieur*, 13 août 1791.
(2) *Ibid.*, *Lettre du maire de Valenciennes au direct. départ.*, 24 juillet 1791.
(3) A. D. Nord, L, 4837, *Arrêté du direct. départ.*, 26 juillet 1791.
(4) A. D. Nord, L, 1035 bis, dos. 1, *Mémoire au Ministre de l'Intérieur*, 13 août 1791. — Ils fondaient leur prétention sur l'article 4 de la loi du 17 avril 1791 qui donnait aux administrateurs du collège le droit de nommer les titulaires des chaires (*ibid.*, *Lettre du direct. du district au direct. départ.*, 11 août 1791).
(5) *Ibid. Mémoire au Ministre de l'Intérieur*, 13 août 1791.

(juillet-août) (1). Celle de Lille l'organisa aux premiers jours de septembre (2).

Du moins, ces quatre collèges de Lille, Valenciennes, Douai et Cambrai, avaient-ils facilement trouvé des candidats. Il n'en fut pas de même ailleurs. La fin de l'année scolaire approchait et le directoire départemental était impatient de voir se combler les vides nombreux signalés dans le personnel enseignant. Dans une seconde circulaire datée du 1er août 1701, il se plaignit du peu d'empressement que la plupart des administrations municipales avaient apporté à exécuter les ordres donnés par celle du 13 mai (3). Un bon nombre d'entre elles, privées de ressources, n'avaient même pas tenté de rassembler un personnel qu'elles ne pourraient rétribuer. Parmi les autres, qui étaient plus riches, les unes avaient été impuissantes à trouver des régents, plusieurs s'étaient montrées négligentes ou récalcitrantes.

Celle de Dunkerque n'avait pas encore, le 10 août, exigé le serment du principal et des professeurs de son collège. Elle ne les avait pas chassés, disait-elle au directoire départemental, « faute de sujets dignes pour remplir leurs fonctions (4). » Peut-être désirait-elle les laisser à leur tâche jusqu'à la fin de l'année scolaire pour ne pas interrompre le cours des études. Le département lui envoya un principal désigné d'office (5). Le 21 septembre seulement, elle fit placarder des affiches dans la ville pour

(1) A. D. Nord, L. 264, f° 80 v., *Lettre du direct. départ. au district de Cambrai*, 13 mai 1791.

(2) A. D. Nord, L., Lille, 221, *Lettre du direct. départ. au district de Lille*, 1er septembre 1771.

(3) A. D. Nord, L., 260, f° 59 r.-59 v., *Lettres du direct. départ. au district de Bergues*, 14, 19 août 1791; L., 280, f° 110 r., *Circulaire du 1er août à tous les districts, celui de Valenciennes excepté*.

(4) *Ibid.*

(5) *Ibid.*

inviter « toutes personnes ecclésiastiques ou séculières également instruites des langues française, flamande et latine, en état de donner l'enseignement des humanités dans lesdites langues, de se présenter au bureau dudit collège, pour remplir les places vacantes par la retraite de son principal et professeurs (1). » Un concours devait avoir lieu entre les candidats, mais elle répugnait à l'établir, estimant convenable d'attendre que l'Assemblée nationale « eût pris un parti positif sur les maisons d'instruction publique (2). » C'est seulement le 28 avril 1702 qu'elle trouva deux aspirants-professeurs auxquels le bureau d'administration du collège fit subir « un examain (3). » A Bergues, le remplacement fut terminé aux premiers jours d'octobre (4). Dès le mois de mai 1701, un corps professoral avait été recruté et installé par l'ancien bureau d'administration qui n'avait plus aucun pouvoir. Le directoire départemental chargea la municipalité de constituer un autre bureau et de procéder à une autre élection (5).

A Cassel, la municipalité tenait à ses Récollets et leur avait permis, à la rentrée d'octobre 1701, de reprendre possession de leurs chaires sans avoir prêté serment. La

(1) L., 280, f° 169 v -170, *Lettre du direct. départ. à la municip. de Dunkerque*, 21 septembre 1701.

(2) A. D. Nord, L., 6276, dos. 1, *Lettre de la municip. de Dunkerque au direct. départ.*, 7 décembre 1791.

(3) A. D. Nord, L., 1035 bis, dos. 3, *Extrait du registre des délibérations du collège de Dunkerque*, 28 avril 1792.

(4) Arch. comm. de Bergues, dos. 7, non catalogué. — A. D. Nord, L., 266, f° 173 v.-174. *Lettre du direct. départ. au district de Bergues*, 27 septembre 1791; L., 267, f° 20 r., *Lettre du direct. départ. à la municip. de Bergues*, 6 octobre 1791. — La Société des Amis de la Constitution de Bergues veillait de très près sur l'organisation du collège et le recrutement des professeurs. Elle avait nommé dans son sein un Comité d'instruction, composé de Thomas Baurael, Declerck cadet, Cattoir cadet, Chapelle (Arch. comm. de Bergues, *Registre des délibérations de la Société des Amis de la Constitution*, t. I, 6 juin 1791).

(5) A. D. Nord, L, 1031, dos. 2.

Société des Amis de la Constitution ne manqua pas d'en informer le département qui, le 10 octobre, somma les officiers municipaux d'obliger les professeurs au serment dans les vingt-quatre heures (1). Quoique les Récollets eussent refusé de jurer, la municipalité sollicita cependant, le 16, l'autorisation de les maintenir dans leurs fonctions :

Nous avons cru, dit-elle, différer le remplacement desdits Récollets, qui, à l'instar des curés réfractaires, auraient continué leurs fonctions. Quel moyen d'ailleurs de remplacer ces Récollets à qui le district d'Hazebrouck refuse de payer la pension assignée à ces professeurs (2) ?

Elle se heurta à un refus : le 16 novembre, le département proclama la déchéance des religieux et nomma lui-même leurs remplaçants (3).

Retard de plusieurs semaines aussi à Bailleul : le principal avait été nommé dès la fin de septembre (4), mais le personnel complet ne fut réuni que dans le cours du mois d'octobre et installé solennellement le 26 (5). Retard aussi au collège d'Hazebrouck qui ne reprit ses classes, avec un « nouveau personnel provisoire », que le 1er décembre (6).

(1) A. D. Nord, L, 267, f° 34 v., *Lettre du direct. départ. à la municip. de Cassel*, 12 octobre 1791.

(2) A. D. Nord, L, 1031, dos. 2, *Lettre de la municip. de Cassel au direct. départ.*, 17 octobre 1791.

(3) *Ibid., Lettre du direct. départ. à la municip. de Cassel*, 16 novembre 1791.

(4) A. D. Nord, L, 267, f° 9 v.; *Lettre du direct. départ. à la municip. de Bailleul*, 30 septembre 1791.

(5) L, 4822, *Lettre des professeurs de Bailleul au direct. départ.*, 26 octobre 1791.

(6) Le directoire départemental déclare que, le 1er Janvier 1793, les professeurs « ont treize mois échus de leur traitement. » (A. D. Nord, L, 1031, dos. 4, *Projet d'arrêté du direct. départ.*, 28 février 1793).

L'administration municipale de Maubeuge fut aussi, malgré ses efforts, impuissante à pourvoir rapidement au remplacement des réfractaires de son collège. Dès le 5 avril 1701, elle avait fait placarder dans la ville et les cités voisines un appel à tous les candidats. Un seul se présenta, Sohier, qui fut accepté, après un simulacre d'examen passé devant Michel, professeur de rhétorique assermenté, le maire et un officier municipal (1). D'autres furent recrutés péniblement durant le mois de novembre (2); un autre encore et le principal, seulement en février 1702 (3).

Non moins pénible fut la réorganisation du collège d'Avesnes. La municipalité qui avait adressé au département la liste des remplaçants, le 3 novembre seulement, resta sans réponse jusqu'au 24. Elle manifesta son mécontentement au directoire du district, réclamant une solution rapide, car, disait-elle, « il est indispensable pour le bien public que les collèges ne restent pas plus longtemps sans instituteurs (4). » Le département avait ses raisons pour ne pas prendre de décision. Le principal proposé par la ville était l'abbé Nicolas, l'ancien titulaire, assermenté, nommé le 2 mai précédent, curé de

(1) A. D. Nord, L, 4831, *Extrait du registre aux délibérations du Conseil d'administration du collège royal de Maubeuge*, 26 avril 1701.

(2) A. D. Nord, L, 1033, dos. 2, *Lettres des deux Lorain au direct. départ.*, 31 octobre 1701, *de Leblond au district d'Avesnes*, 3 novembre 1701, *de Pierre Nazarre*, 5 novembre, et *de Legros*, 8 novembre, *au direct. départ.*

(3) A. D. Nord, L, 208, f° 157v., *Lettre du direct. départ. au district d'Avesnes*, 4 février 1792. — A cette date du 4 février 1792, la municipalité avait déjà dû pourvoir à la chaire de rhétorique rendue vacante par la démission du titulaire Michel. Elle y nomma Fournier. Cette nomination, quoique illégale, fut cependant ratifiée par l'administration départementale qui se contenta de présenter des observations. (L, 148, f° 41, *Lettre du direct. départ. à la municip. de Maubeuge*, 4 février 1792).

(4) A. D. Nord, L, 1033, dos. 1.

Trélon, qui ne pouvait cumuler les deux fonctions. A la
suite d'observations qui lui furent faites, la municipalité
écrivit, le 1er décembre, au directoire départemental :

Le 2 mai 1791, Nicolas, principal du collège, a été nommé
curé de Trélon. Il a accepté et pris avec solennité possession de sa cure après avoir reçu l'institution canonique,
mais sans y résider. Il est venu, peu de jours après, à la
municipalité d'Avesnes, offrir de continuer gratuitement
ses fonctions de principal jusqu'à la fin d'août, terme des
études : nous n'avons vu dans cette offre que du zèle et
non un prétexte de ne pas se rendre à son poste. En
septembre dernier, on demanda au sieur Nicolas s'il se
rendrait à son poste. Il a répondu qu'il tenait la cure de
Trélon et en remplirait les devoirs.

Le 1er décembre, il est encore à Avesnes. Nous ne voyons
dans cette conduite que les précautions d'un homme adroit
qui, croyant à la contre-révolution, s'accroche de tous côtés
et s'assure pour les événements : nous vous assurons de
plus, et nous l'attestons, que le sieur Nicolas a touché
jusqu'à ce jour son traitement comme curé de Trélon (1).

Elle proposa donc, pour la charge de principal, un
médecin, Maherenne (2). Son personnel ne fut au complet
qu'à la fin de janvier 1792 (3).

Cette lenteur presque générale dans le remplacement
des anciens régents, démontre combien nombreux sont
les obstacles rencontrés par l'administration départementale quand elle veut faire appliquer les décrets de
l'Assemblée. D'une part, les candidats sont trop rares :
la situation qui leur est offerte est précaire et elle est
souvent mal rétribuée. D'autre part, les municipalités
sont, ou bien récalcitrantes parce qu'elles sont jalouses
de leur indépendance, ou bien inertes parce qu'elles

(1) L., 1033, dos. 1.
(2) Ibid., Rapport du district d'Avesnes au direct. départ., 28 Janvier 1792.
(3) Ibid.

désirent conserver le plus longtemps possible leur ancien personnel. Ces hésitations et ces tâtonnements causèrent naturellement le plus grand préjudice aux études.

Les difficultés furent plus facilement surmontées quand il s'agit de modifier l'administration ancienne des collèges. Les édits royaux qui l'avaient autrefois établie ne pouvaient pas rester en vigueur « attendu, disait le directoire départemental, que la plupart des administrateurs y étaient appellés (sic) en vertu d'offices qui sont venus à cesser (1). » Par la loi du 5 novembre 1790 (titre I, art. 16) les municipalités avaient donc été chargées de régir les biens et les revenus des établissements d'instruction, de concert avec des citoyens élus par les électeurs ou choisis par elles-mêmes. Les anciens régisseurs et receveurs étaient avertis qu'ils avaient à remettre au district tous les titres et papiers dont ils étaient dépositaires. C'était au district que devait incomber la charge de faire rentrer les revenus et de vérifier les comptes. Ces proscriptions, confirmées par le décret du 13 novembre suivant, sont appliquées dans le Nord à la fin du premier semestre 1791, et, le 13 août, l'administration départementale peut écrire au ministre de l'Intérieur que les municipalités ont « repris l'administration des collèges confiée aux anciens bureaux (2). »

Celle de Valenciennes n'a pas attendu les lois de l'Assemblée pour mettre la main sur le collège. Dès avril 1790, elle notifie aux administrateurs « l'ordre de cesser leurs fonctions (3). » Après plusieurs mois de discussion, le prévôt, M. Le Hardy et les autres membres du bureau,

(1) L., 1033, dos. 1, *Arrêté du direct. départ.,* 22 août 1791.

(2) L., 1033 *bis.*

(3) L., 260, f° 66, *Lettre du direct. départ. au district de Valenciennes,* 6 septembre 1790.

consentent à abandonner la place (1), ce qui vaut aux
officiers municipaux d'être félicités par le département (2).
De même à Cambrai : le 22 septembre 1790, les quatre
députés des Etats du Cambrésis et le procureur « ne pouvant plus être chargés de l'administration du collège,
puisqu'ils sont privés de la qualité qui la leur déférait »
sont remplacés par des membres du directoire du district (3). Seuls, le délégué épiscopal et le principal du
collège conservent leurs fonctions (4). A Douai, la transformation est effectuée le 21 novembre : la municipalité
nomme Merlin, président du bureau du collège national,
et lui donne, comme assesseurs, des personnages qui
figurent dans le corps professoral : Dondeau, Durand,
Delabnisse (5). L'ancien bureau de Bailleul cesse de fonc-
tionner le 22 juillet 1701, quand sont exclus le président
du présidial et le commissaire du roi ; la municipalité
conserve l'administration du collège jusqu'en mars 1702.
Elle constitue alors un bureau où elle fait entrer, avec le
principal, le maire et le procureur de la commune, un
autre officier municipal et trois citoyens élus (6). Un
bureau analogue est créé à Bergues, à la même époque (7).

(1) 20 octobre 1790 (L, 261, f° 32 v.).

(2) L, 300, f° 41 v.

(3) L, 260, f° 111 r., *Lettre du direct. départ. au district de
Cambrai*, 22 septembre 1790.

(4) *Ibid.*

(5) L, 1030 bis, dos. 4, *Extrait du registre aux délibérations de la
municipalité.*

(6) L, 269, f° 109 r., *Lettre du direct. départ. au district d'Hazebrouck*, 5 mars 1792 ; L, 1031, dos. 1, *Arrété du direct. départ.*,
6 mars 1792.

(7) L, 269, f° 109 r.-111, *Lettre du direct. départ. au district de
Bergues*, 5 mars 1792.

CHAPITRE III

LE FONCTIONNEMENT DU RÉGIME PROVISOIRE
(1791-AN IV)

Caractère provisoire de la nouvelle organisation scolaire. — Les nouveaux professeurs, leur valeur, leurs traitements ; cumul des fonctions rétribuées ; compétitions, mutations fréquentes ; irrégularités dans le paiement des traitements ; instabilité du personnel enseignant. — Difficultés d'administration financière. — Conflits fréquents entre les municipalités et les professeurs, entre les municipalités et l'administration départementale. — Les bourses. — L'enseignement ; éducation civique. — Petit nombre des élèves.

Dans les onze établissements du Nord où il a été possible de remplacer les régents, les classes sont donc reprises vers la fin de l'année 1791 ou dans les premiers mois de 1792. Le personnel est nouveau, nouvelle aussi l'administration, mais les règlements n'ont pas changé et les études restent calquées sur celles de l'ancien régime.

Aussi bien sait-on que cette situation nouvelle des collèges est provisoire et que l'Assemblée législative s'occupe d'élaborer une réforme scolaire. Elle vient de décider, le 4 octobre, la création d'un Comité d'instruction publique (1) ; Condorcet a préparé un plan d'instruction d'après lequel Lille et Cambrai ont été désignés pour posséder dans leurs murs un établissement d'enseignement ou Institut. Mais la ville de Valenciennes proteste

(1) GUILLAUME, *Procès-verbaux du Comité d'instruction publique sous l'Assemblée législative*, t. I, introd., p. XVII-XVIII.

contre ce projet qui lèse ses intérêts. Elle fait valoir son
importance, qui dépasse celle de Cambrai, les sacrifices
qu'elle a consentis pour l'établissement de son beau
collège, son académie de peinture, de sculpture et d'architecture, et l'avantage de sa situation pour « faire péné-
trer les principes de liberté et d'humanité » dans les
districts du Quesnoy et d'Avesnes, même chez les étrangers (1). La ville de Bergues réclame aussi un Institut.
Elle a vanté à l'administration du département l'excellence de sa position géographique au centre d'un réseau
de canaux et de chaussées, l'importance de son marché
« le plus considérable du pays », la modicité du prix de
la vie qui permet d'établir une pension à bon marché, la
présence de son ancien collège « le plus considérable et
le plus fréquenté », enfin l'avantage assuré aux petits
Flamands qui « ne pourraient pas recevoir l'instruction
des professeurs français. Il ne convient pas qu'ils commencent leur éducation par apprendre le français ; il est
plus à propos de faire marcher l'étude de cette langue
avec celle des sciences (2). » Le 5 février 1793, par l'intermédiaire des Amis de la République, Douai adressa
également une pétition au directoire départemental pour
obtenir la préférence sur ses rivales (3).

La situation des collèges paraît donc bien instable.
Mais la guerre contre l'Europe ayant accaparé, en 1792,
toute l'attention de la Législative, le plan de Condorcet
ne fut pas mis à exécution et le régime provisoire de

(1) A. D. Nord, L, 1035 *bis*, dos. 3 ; L., 254, f° 139 v.-140, *Mémoire
du direct. départ. à l'Assemblée pour la commune de Valenciennes,*
juin 1792.

(2) Cette réclamation, décembre 1792, était l'œuvre du berguois
Lorius, président des Amis de la Constitution (A. D Nord, L,
254, f° 139 v.-140). On sait que la classe se faisait en flamand
(v. p. 43-44).

(3) *Ibid.,* f° 191 v.-192.

l'enseignement secondaire se prolongea durant quatre années, jusqu'à la mise en vigueur de la loi du 3 brumaire an IV. C'est le fonctionnement des établissements d'instruction pendant cette période que nous voulons étudier dans ce chapitre.

Le 15 juin 1791, les administrateurs du district de Lille écrivaient : « La seule chose à désirer, c'est que les instituteurs qui doivent être nommés aient toutes les qualités nécessaires pour instruire la jeunesse et ne point faire regretter les anciens qui remplissaient leurs fonctions d'une manière si distinguée (1). » Des professeurs, à qui cette administration décernait de pareils éloges, mérités ou exagérés, quels furent les successeurs ?

Plusieurs municipalités auraient voulu engager, pour leur collège, un personnel ecclésiastique. « Il serait à désirer, dit celle de Lille, qu'on pût trouver des ecclésiastiques capables de remplir toutes les places de professeurs, mais le défaut de prestation de serment écarte tous ceux que l'on pourrait proposer : il faut faire choix de sujets laïcs (2). » Celles de Bergues et d'Avesnes font savoir à l'administration départementale qu'elles ont recruté des laïques « à défaut de pouvoir trouver des prêtres (3). » Le nouveau corps professoral comprend donc parmi ses membres un très petit nombre de prêtres (4).

En revanche, tous ceux qui le composent sont des admirateurs de la Constitution. Ne devaient-ils pas,

(1) A. D. Nord, L., 1032, dos. 1, *Lettre du district de Lille*, 15 juin 1791.

(2) A. D. Nord, L. Lille, 212. *État des collèges de Lille*, 26 mai 1791.

(3) A. D. Nord, L., 6275, *État de l'enseignement à Bergues*, 8 mars 1792 ; L., 4821, *Rapport du quatrième bureau du direct. départ.*, 1792.

(4) V. plus loin, p. 84-85.

avant d'entrer en fonctions, prêter le serment qu'avaient refusé ceux dont ils allaient occuper l'emploi ? Le directoire départemental n'exige-t-il pas que « l'éducation publique soit confiée à des personnes dont le ferme attachement à la Constitution de l'Etat puisse inspirer aux élèves un vif amour de leurs devoirs envers la patrie (1) ? » Aussi les municipalités s'assurent-elles des garanties de civisme présentées par les candidats. Celle d'Avesnes écrit, le 10 janvier 1792, « que les laïques qu'elle a recrutés sont parfaitement dans le sens de la Révolution et amis ardents de notre heureuse Constitution (2). » A Bergues, les 4 professeurs assermentés, les 2 Bareel, Schelle et Andries, entrent dans la société des Amis de la Constitution, dès le mois de juin 1790 (3) ; les 2 nouveaux, Herrein et Waeles y sont admis l'un le 2 mai, l'autre le 18 juillet 1791 (4). A Cambrai, Catté, nommé professeur de sixième, est président de la même société (5). Le professeur de troisième, Désiré Pety, en est membre lui aussi ; pour obtenir sa chaire il s'est fait appuyer par ses amis et par l'évêque constitutionnel Primat (6). Le principal de Cassel, Forcade, celui qui a dénoncé les Récollets, a été désigné par les Jacobins de la ville (7) ; celui de Douai, Dondeau, est administrateur du département et fait partie du club avec deux des professeurs au

---

(1) A. D. Nord, L, 1032, dos. 1, *Lettre au district de Lille*, 4 octobre 1791.

(2) L., 1033, dos. 1, *Lettre au direct. départ.*, 10 janvier 1792.

(3) Arch. comm. de Bergues, *Regist. aux délib. des Amis de la Constitution*, t. I, 20 juin 1790.

(4) *Ibid.*, séances du 2 mai et du 18 juillet.

(5) A. D. Nord, L, 1031, dos. 1, *Lettre des Amis de la Constitution de Cambrai*, 16 juillet 1791.

(6) *Ibid.*, *Lettre de Désiré Pety de Cambrai*, 7 octobre 1792.

(7) A. D. Nord, L, 1031, dos. 2, *Adresse des Amis de la Constitution de Cassel au district d'Hazebrouck*, 1791.

moins, Delabuisse et Ringeval (1). Contamine, principal
du collège de Maubeuge, est membre influent du club de
la cité (2). Un de ses professeurs, Lorrain, recommandé
par lui, réussit à obtenir la chaire de troisième à Lille,
en 1793 (3).

Chez tous ceux qui sollicitent des chaires, on remarque
cet empressement à rechercher le patronage des sociétés
populaires ou des personnages officiels. Ils étalent souvent,
leurs références civiques ou professionnelles, en des
lettres curieuses dont voici quelques exemples :

A la fin de 1792, la chaire de septième se trouvant
vacante à Lille, le citoyen Watteau se présente pour
l'occuper. Malgré son civisme, dit-il en substance, il a
été jusqu'alors le jouet de la fortune, et il ajoute :

Fils d'un père de famille chargé de douze enfants, hors
d'état, à l'âge de trente ans où je suis, d'entreprendre une
carrière, il ne me reste d'espérance que dans l'espoir que
la fortune ne me sera pas toujours favorable (sic) et dans
la persuasion où je suis du plaisir que vous avez à obliger.
C'est avec ces sentiments que je suis fraternellement... (4).

Un autre, Lafulie, clerc minoré, habitué de la paroisse
Saint-Etienne, voudrait la chaire de troisième du même
collège. Il a « fait ses preuves dans l'éducation avec son
père instituteur dont il a été l'adjoint », ses mœurs sont
pures, son cœur patriote ; il a publié des écrits dictés par
le souverain respect de la loi et sacrifié ses intérêts au

_____

(1) A. D. Nord, t., 1035, dos. 1, *Extrait du regist. aux délib. du
district*, 25 novembre 1791. — Arch. comm. de Douai, D 4, 12 *bis*,
f° 6, 57.

(2) A. D. Nord, L. 4823, *Lettre du direct. du district du Quesnoy*,
17 mai 1792.

(3) A. D. Nord, t., 1032, dos. 1, *Arrêté du direct. départ.*, 18 janvier 1793.

(4) A. D. Nord, L, Lille, 811, *Lettre de Watteau au direct. du
district.*, 20 décembre 1791.

bien public. Il affirme des capacités littéraires, et demande, pour en faire la preuve, « qu'il lui soit permis de subir un examen ou de prendre part à un concours... » (20 janvier 1793) (1). Un troisième, Sauvage, recherche la place de professeur de cinquième. Il présente son certificat de civisme et deux pièces attestant qu'il a été souvent le premier de sa classe au cours de ses études, et qu'il est le frère du curé assermenté de Saint-André de Lille (6 janvier 1793) (2). Un autre, Humblot, a déclaré être « d'un patriotisme épuré (3). »

Pour obtenir la chaire de sixième à Cambrai, 2 concurrents sont en présence en 1792 : Degond, ancien négociant, et Flanneau. Le premier fait valoir « son patriotisme soutenu depuis le principe de la Révolution et... le déchet considérable de son commerce... (4) »; le deuxième, cherche l'appui du procureur général du district, Wauquière, et celui des Amis de la Liberté et de l'Egalité. Pour éclairer le directoire départemental sur sa valeur professionnelle, il renouvelle sa demande en un post-scriptum latin d'une étrange banalité et d'une correction discutable (5).

Un candidat à la chaire de sixième de Douai, Detœuf,

(1) A. D. Nord, L., 1032, dos. 1.

(2) *Ibid.*, *Arrêté du direct. départ.*, 18 janvier 1793.

(3) *Ibid.*, *Requête du citoyen Humblot au district d'Avesnes; Arrêté du direct. départ.*, 17 juin 1793.

(4) A. D. Nord, L., 1031. dos. 1, *Lettre de Degond au direct. départ.*, 7 novembre 1792.

(5) A. D. Nord, L., 1826, *Lettre de Flanneau au direct. départ.*, 3 novembre 1793. — Voici la teneur de cette originale supplique : « Mihi liceat, o carissime civis, a te me aliquid postulare; me tueri velis et vota mea repleta erunt. Cathedram professoriæ vacantem in sexta schola hujus collegii obtinere cupiam; si sat in me ingenii reperias ac eruditionis, post decem annos a me in studiis ductos, gaudebo quod per justum virum obtinuerim munus quo me dignum reperierit. »

écrit à l'administration départementale une lettre, d'un style ampoulé, ainsi conçue :

Si tout citoyen doit avec empressement souscrire à la loi, c'est aussi avec la plus grande confiance... qu'un père de famille dans la désolation, dans la misère, vient, sous la sauvegarde des Droits de l'Homme, vous offrir des talents à l'épreuve tant en France que dans la capitale du Brabant où j'ai été reçu, par concours, à l'académie des belles-lettres. Comme les bons principes sont la base de toute science et de l'instruction et que mon application philosophique à développer les dispositions des jeunes gens moins avancés en âge parce qu'ils ont moins de passions, de tendre, en les rendant propres pour servir en toute qualité la République, à les connaître, je me retire devant vous, citoyens, pour m'adopter pour le collège national de cette ville, en me conférant la classe de sixième que j'enseignerai en secondant vos désirs, autant par devoir que par une vraie inclination républicaine et sociale (1).

Enfin, voici, datée du 27 frimaire an II, la lettre du citoyen Thumerelle, prêtre défroqué, membre de la Société populaire de Douai, qui brigue une place de professeur. La municipalité avait rejeté sa candidature sous prétexte qu'il avait été prêtre. Il protesta en ces termes auprès du directoire départemental :

On dit que j'ai été prêtre et on veut inférer de là que je ne suis point propre à la place que je demande. Mais, citoyens, vous n'ignorez point que, le premier, j'ai brûlé au flambeau de la liberté, les paperasses qui m'avaient constitué prêtre. Faut-il qu'un arrangement de famille qui m'a plongé dans le cloître avant que j'aie pu en apprécier la barbarie, m'ôte la confiance de mes concitoyens ? J'avais soupiré pendant dix ans après la sainte liberté, et lorsque j'ai le bonheur de la saisir, lorsque je jouis des douceurs de la philosophie, on veut me poursuivre, parce que j'ai été la victime du fanatisme...

(1) A. D. Nord, L., 1030 bis, dos. 1, Lettre de Deteuf au direct. départ., 2 nivôse an II.

6

Il ajoute qu'il a « une haine ardente de la tyrannie et des préjugés religieux (1). »

Le personnel enseignant est donc exclusivement composé de patriotes. Au début de 1792, il est réparti comme il suit :

Avesnes (2) :	Maherenne, principal.
	Préfontaine, rhétorique et seconde.
	Ducarne, troisième et quatrième
	Gau, cinquième et sixième.
Bailleul (3) :	Baelde, principal.
	Bruneel, rhétorique et seconde.
	Dassonneville, troisième.
	Berteloot, quatrième.
	Lermuscau fils, cinquième et sixième.
Bergues (4) :	Vandenbussche, principal.
	J. Declercq, rhétorique.
	Waeles, seconde.
	Herrein, troisième.
	Cronink, quatrième.
	Chent, cinquième et sixième.

(1) A. D. Nord, L, 1035, dos. 1.

(2) A. D. Nord, L, 1033, dos. 1, *Lettre de la municip. au direct. départ.*, 27 décembre 1791 ; L, 1033, dos. 1, *Lettre de Cafflau au Procureur général syndic*, 19 janvier 1792.

(3) L, 4822, *Lettre des professeurs de Bailleul au direct. départ.*, 20 octobre 1791. — A la chaire de rhétorique et de poésie, avait été nommé le sieur Delanghe qui accepta puis donna sa démission, alléguant qu'il n'avait « pas fait sa rhéthorique et n'était par conséquent pas en état de pouvoir avec honneur desservir les places auxquelles il avait été nommé. » En réalité, il ne voulait pas prêter serment. (A. D. Nord, L, 1032, dos. 1, *Lettre de Baelde à l'administration du district d'Hazebrouch*, 5 octobre 1791 ; *Lettre du district d'Hazebrouck à la municip. de Bailleul*, 10 octobre 1791).

(4) A. D. Nord, L, 6275, *État de l'enseignement à Bergues*, 8 mars 1792. — En mai 1791, c'est un prêtre assermenté, Louis Bateel, qui était devenu principal, mais il avait été nommé curé de Socx. (Arch. comm. de Bergues, *Premier regist. aux délib.*, 20 janvier 1790-16 mai 1793 ; dos. 7, non catalogué, mai 1791.)

Cambrai (1) : Croisilles, principal.
Aubert Marchand, rhétorique,
Forez, seconde.
René Marchand, troisième.
Villiers, quatrième.
Evrard, cinquième.
Catté, sixième.

Cassel (2) : Forcade, principal, rhétor. et poésie.
Vandamme, syntaxe.
De Cool, grammaire.
Ph. de Marssemann, cinq. et sixième.

Douai (3) : Dondeau, principal.
Barbier, sous-principal.
Michel, physique.
Descamps, logique.
Dubois-Dunillac, rhétorique.
Goguillon, seconde,
Legrand, troisième.
Dupuis, quatrième.
Delabuisse, cinquième.
Castille, sixième.

Dunkerque (4) : Dumonceau, principal.
Crispin.
Lemaire.

Hazebrouck (5) : Charleys, principal, rhétor. et poésie.

(1) A. D. Nord, L., 261, f° 80 v., *Lettre du direct. départ. au district de Cambrai,* 1791.

(2) L., 267, f° 113, *Lettre du direct. départ. à la municip. de Cassel,* 10 novembre 1791.

(3) A. D. Nord, L. Douai, 327, dos. 7, *Liste des fonctionnaires publics de Douai,* mai 1791.

(4) Dumonceau fut nommé le 19 août 1791. (A. D. Nord, L., 266, f° 59 r, *Lettre du direct. départ. au district de Bergues,* 19 août 1791), mais les deux professeurs ne se présentèrent que le 28 avril 1792. (A. D. Nord, L., 4829, *Extrait du regist. aux délib. du collège de Dunkerque,* 28 avril 1792).

(5) Le département avait d'abord nommé professeurs Dekitspotter (3° et 4°) et Dehirck. Installés le 11 novembre, ils démissionnèrent le 21 et furent remplacés le 1er décembre. (A. D. Nord, L., 1031, dos. 4, *Lettre du district d'Hazebrouch,* 16 novembre 1791; *Lettre de la municip. d'Hazebrouch,* 30 novembre 1791; L., 4831, *Lettre du district d'Hazebrouck au direct. départ.,* 2 janvier 1793).

J. Turk troisième et quatrième.

J.-B. Boulangé, cinquième et sixième.

Lille (1) :   Quirez, principal.

Lerouge, sous-principal.

Courouble, rhétorique.

Gohain, seconde.

E.-J. Lorain, troisième.

Bécu, quatrième.

Blondeau, cinquième.

Lesage, sixième.

Meurisse, septième.

Saladin, bibliothécaire.

Maubeuge (2) :   Contamine, principal.

Leblond, rhétorique.

Lambert, seconde.

Legros, troisième.

Pichonnier, quatrième.

Sohier, cinquième.

Navarre, sixième.

Valenciennes (3) : Grenet, principal.

Lefrère, sous-principal.

Marcail, rhétorique.

Tacquet, seconde.

Lallemand, troisième.

Rougeaut de la Fosse, quatrième.

Bernay, cinquième et sixième.

Pour connaître la valeur de ces 67 professeurs, il importe de rechercher dans quel milieu ils ont été recrutés.

Nous ne retrouvons que 6 prêtres : Croisilles, principal

(1) A. D. Nord, L, 1032, dos. 1, *État du personnel au collège royal de Lille*, 25 août 1791; L, 254, f° 142 v., *Nominat. de Saladin*, 5 octobre 1791.

(2) Le prédécesseur de Leblond était Michel, devenu professeur de physique à Douai. (A. D Nord, L, 1033, dos. 2, *Lettre au district d'Avesnes*, 3 novembre 1791).

(3) A. D. Nord, L, 1035 *bis*, dos. 1, *Arrêté du direct. départ.*, 26 juillet 1791. — Arch. comm. de Valenciennes, K4, 2 *bis*, *État des professeurs*, 30 mai 1791.

de Cambrai, « vicaire de Monseigneur l'Evêque » ; Quirez,
principal de Lille ; Grenet, principal de Valenciennes ;
Lallemand, professeur au même collège (1) ; puis 2 ex-
Bénédictins : E.-J. Lorain, professeur de troisième à Lille,
et Navarre, professeur de sixième à Maubeuge. De ces
6 prêtres, 3 seulement ont déjà enseigné : Quirez,
Grenet et Lorain (2). Trois laïques ont aussi été professeurs : Waeles, de Bergues (3) ; Legros, de Maubeuge (4), et Michel, de Douai (5), en tout 5 professeurs
qui ont l'expérience de l'éducation. En revanche, nous
trouvons 6 médecins : Maherenne et Préfontaine,
d'Avesnes (6) ; Bruncel, de Bailleul (7) ; Chent, de
Bergues (8) ; Evrard, de Cambrai (9) ; Forcade, de
Cassel (10) ; Bécu, Lerouge et Blondeau, de Lille (11) ;

(1) Il devint curé de la paroisse Notre-Dame, à Valenciennes.
(A. D. Nord, L, 1031, *Lettre de Pety, de Cambrai*, 7 octobre 1791).

(2) Quirez était un ancien professeur du collège de la ville de
Lille. (A. D. Nord, L, Lille, 212, *Etat des collèges de Lille*, 26 mai
1791). Quant à E.-J. Lorain, il avait enseigné la rhétorique à
Angers, durant dix-huit mois. (A. D. Nord, L, 1033, dos 2, *Lettre
des deux Lorain au direct. départ.*, 31 octobre 1791); Grenet avait
occupé la chaire de troisième à Valenciennes même. (V. plus
haut, p. 27, note 3).

(3) Arch. comm. de Bergues, dos. 7, non catalogué, mai 1791. —
Waeles devint plus tard professeur à l'Ecole centrale de Lille.

(4) Ancien maître de conférences de physique à Anchin. (A. D.
Nord, L, 1033, dos. 2, *Lettre de Legros au direct. départ.*, 8 novembre 1791).

(5) V. p. 84, note 2.

(6) A. D. Nord, L, 1033, dos. 1, *Lettre de la municip. d'Avesnes
au direct. départ.*, 1er décembre 1791; *ibid.*, dos. 2, *Rapport du
quatrième bureau au direct. départ.*, novembre 1791.

(7) A. D. Nord, L, 4822, *Lettre du district d'Hazebrouck*, 10 octobre 1791.

(8) L, 6273, *Etat de l'enseignement à Bergues*, 8 mars 1792.

(9) V. p. 83, note 1.

(10) L, 1021, dos. 2, *Adresse des Amis de la Constitution de Cassel
au district d'Hazebrouck*, 1791.

(11) L, 1032, dos. 1, *Lettre du district de Lille au direct. départ.*,
15 juin 1791; L, 891, f° 9r, *Lettre de démission de Lerouge*, an III.

10 hommes de loi : Ducarne, d'Avesnes (1) ; Baelde et
Lermuseau, de Bailleul (2) ; Declercq et Herrein, de
Bergues (3) ; Forez et Catté, de Cambrai (4) ; Dondeau
et Castille, de Douai (5) : Contamine, de Maubeuge (6).
Neuf personnages ont exercé antérieurement des professions diverses : Dassonneville, de Bailleul, a « fini ses
études et est prêt à recevoir la tonsure (7) » ; à Bergues,
Cronink est un « ancien spéculateur en drogue » et le
principal Vandenbussche, un rentier (8) ; à Hazebrouck,
Boulangé, est un ancien filier (9) ; à Douai, Legrand
était un employé de bureau (10) et Dubois-Dunillac est
encore un financier véreux (11) ; à Maubeuge, Pichon-

(1) L, 1033, dos. 1, *Lettre du direct. départ. à la municip. d'Avesnes*, 27 novembre 1791.

(2) A. D. Nord, L, 1032, *Lettre du district à la municip.*, mai
1791 ; *Lettre de Lermuseau à la municip.*, 3 août 1791.

(3) Arch. comm. de Bergues, dos. 7, non catalogué, mai 1791

(4) A. D. Nord, L, 264, f° 80 v., *Lettre du direct. départ. au
district de Cambrai*, octobre 1791.

(5) A. D. Nord, L, Douai, *Lettre de la municip. au direct. départ.*,
17 mai 1791.

(6) A. D. Nord, L, 1033, dos. 3, *Lettre de Contamine au direct.
départ.*, 12 décembre 1791.

(7) L, 1032, dos. 1, *Lettre au direct. départ.*, 3 août 1791.

(8) V. note 3. — Quant au principal Vandenbussche, au dire de
la municipalité de Bergues, « il est incapable de remplir cette
place. ., il n'a fréquenté que pendant cinq à six semaines les
classes du collège et ne s'est depuis appliqué à aucune étude, ne
sait pas un mot de latin, n'est à même de faire ni exhortations,
ni discours signifiant en langue quelconque et à beaucoup près
n'est pas maître ès-arts... c'est par cupidité qu'il a accepté... »
(Arch. comm. de Bergues, carton jaune, VI ; A. D. Nord, L, 6275,
orig. pap., *Etat de l'enseignement à Bergues*, 8 mars 1792).

(9) A. D. Nord, L, Hazebrouck, 61, *Réponse du district d'Hazebrouck à la Commission exécutive de l'Instruction publique*, 6 brumaire an II.

(10) V. p. 83, note 3.

(11) Il avait fait banqueroute, laissant un passif de 28.000 livres
environ. (A. D. Nord, L, Douai, 327, dos. 9, *Lettre de Dunillac au
direct. départ.*, 1792).

nier est un ancien étudiant en théologie de Douai (1) ;
à Lille, Lesage fut maître de pension (2) et Mourisse
étudia aussi la théologie (3). Nous ignorons la qualité
du sous-principal et des 5 professeurs de Valenciennes.

En résumé, il apparait bien que, malgré tous leurs
efforts, les administrations diverses du Nord n'ont réussi
à grouper qu'un personnel de fortune. La plupart des
professeurs ne sont pas préparés à la tâche qu'ils ont
assumée. Quel est le motif qui les a déterminés à entrer
dans le corps enseignant ? Les uns, jeunes étudiants au
terme de leurs études, n'ont cherché sans doute qu'un
moyen de gagner rapidement leur vie ; d'autres, de se
refaire une situation ; d'autres, médecins et hommes de
loi, de grossir, avec un traitement supplémentaire, des
appointements insuffisants (4).

Et pourtant bien modeste est leur traitement, et bien
précaire la situation qui leur est faite. Les tarifs sont
restés les mêmes qu'avant 1789 et, s'ils pouvaient alors
suffire à des ecclésiastiques, ils sont notoirement insuffisants à des laïques qui peuvent être chargés de famille.
Même dans les localités où ils sont le moins élevés, il
n'est pas question de les augmenter. Le directoire départemental a fait savoir, le 21 novembre 1791, à la municipalité d'Avesnes qu'ils doivent « rester sur l'ancien pied
jusqu'à ce que l'Assemblée nationale ait terminé son

(1) A. D. Nord, L., 1033, dos. 2, *Lettre de l'abbé Faubert au
direct. départ.*, 28 octobre 1791.

(2) L., 1032, dos. 1, *Lettre de Lesage au direct. départ.*, 10 juin
1791 ; *Liste des professeurs de Lille*, 26 août 1791.

(3) *Ibid.*, *Projet de personnel pour le collège de Lille*, 26 août 1791.

(4) On verra plus loin que ces derniers furent, en même temps
que professeurs, médecins des hôpitaux ou magistrats, et qu'ils
n'hésitèrent pas à quitter leur chaire quand ils furent mis en
demeure d'opter pour l'une ou l'autre fonction. (V. p. 99-101).

travail sur les établissements d'éducation (1). Ils sont payés par les municipalités qui ont la charge d'administrer les collèges. La Législative ne modifie pas ce système de rétribution. La loi du 18 août 1792 prescrit, en effet, que les professeurs « provisoires » continueront à être payés sur les revenus des collèges ; toutefois, elle autorise les départements à venir en aide aux assemblées municipales qui n'auraient pas de ressources (2).

Aussi les nouveaux professeurs sont-ils en général mécontents de leur traitement bien qu'ils soient, comme les anciens, logés et nourris dans les collèges (3). Ceux d'Avesnes ont présenté leurs doléances à la municipalité qui ne leur donne qu'un salaire dérisoire ; la municipalité les a transmises au directoire départemental et a obtenu, « vu la cherté excessive des denrées dans le district », que les traitements soient élevés « provisoirement » à 800 livres pour le principal, à 700 pour le professeur de rhétorique et à 600 pour chacun des deux autres (août 1792)(4). Les professeurs de Maubeuge manifestent également leur mauvaise humeur au sujet de leurs appointements de 600 livres fixés par les lettres patentes de 1767. En 1791, le bureau d'administration du collège leur donne un commencement de satisfaction : il attribue à chacun d'eux un supplément de 75 livres, pour remplir les fonctions de surveillant ou de maître de quartier et augmente de 225 livres ceux d'entre eux qui sont chargés de deux classes(5). Leurs pétitions cependant arrivent toujours au direc-

(1) A. D. Nord, L, 267, f° 140.

(2) L., 1031, dos. 4, *Projet d'arrêté du direct. départ.*, février 1793.

(3) L., 6275, *État de l'enseignement à Bergues*, 8 mars 1792 ; L., 148, f° 77v-78, *Arrêté du direct. départ.*, 1er mars 1792.

(4) A. D. Nord, L, 150, f° 103v ; L., 149, table adjointe, f° A ; L., 1033, dos. 1, *Arrêté du direct. départ.*, 13 avril 1793.

(5) *Ibid.*, dos. 3, *Arrêté du direct. départ.*, 15 mars 1793.

toire départemental : le 15 mars 1792, le professeur de
troisième, Legros, et celui de sixième, Navarro, demandent « autre chose que 675 livres par an (1). » Il n'apparait pas qu'ils aient été écoutés. Ils recommencent, le
6 juin, avec tous leurs collègues (2) et reçoivent cette
réponse : « Attendu que, par l'organisation prochaine de
l'instruction publique, il sera statué sur le traitement des
professeurs... il n'échet point quant à présent de se prononcer sur la demande en augmentation des traitements (3). » Au mois d'août, le professeur de rhétorique,
Fournier, renouvelle seul la tentative. Il n'a que
800 livres par an ; on les lui paie en assignats et il subit,
de ce fait, une perte considérable. Même réponse que
précédemment, avec cette parole de consolation : « Tous
les citoyens ressentent également les inconvénients de la
perte qu'il résulte de l'échange des assignats et de la
cherté des denrées (4). » Le nouveau principal de Cambrai, Fliniaux, est plus heureux : il demande et obtient
1.500 livres, le 15 mai 1792 (5). Les professeurs de Lille
pétitionnent à leur tour au mois d'août. Avec leurs
400 livres par an, leur salaire quotidien ne monte qu'à
21 sous 11 deniers. Ils réclament 600 livres : « Ce ne sera,
disent-ils, que 32 sous 10 deniers par jour. » Et ils invo-
quent à l'appui de leur pétition la cherté des vivres, la
dépréciation des assignats, les impositions mobiliaires et
les taxes civiques auxquelles ils sont soumis, etc... (6).
A Bailleul, le professeur de rhétorique, Bruneel, demande

(1) L, 148, f° 90 v-91.
(2) Ibid., f° 200 v.
(3) Ibid.; L, 1033, dos. 3, Arrêté du direct. départ., 14 juin 1792.
(4) L, 272, f° 152 v.-153, Lettre du direct. départ. au district d'Aresnes.
17 août 1792 ; L, 1033, dos. 3, Arrêté du direct. départ., 18 août.
(5) L, 1031, dos. 1, Arrêté du direct départ.
(6) L, Lille, 211, Pétition des professeurs de Lille, août 1792.

aussi un supplément parce qu'il enseigne en même temps
la poésie « et réunit par conséquent en lui seul l'emploi
de deux professeurs. » L'administration départementale,
« considérant que l'enseignement public n'est actuellement que provisoire et que son organisation nouvelle sera
incessamment déterminée », refuse de le lui accorder (1).
Le corps professoral de Cassel se plaint de n'avoir que
600 livres pour le principal, et 500 pour les autres. Plus
heureux que Bruncel, le principal obtient 300 livres
d'augmentation, et chaque professeur 250 (2). Jean-
Baptiste Boulangé, professeur à Hazebrouck, déclare que
« son traitement de 600 livres, qui font 31 sous par jour,
est insuffisant pour subsister. » Et il objurgue le directoire
départemental :

C'est pourquoi, citoyens, qu'il (sic) prend son recours
vers vous avec confiance, comme un fils vers son père, son
meilleur ami, afin qu'il vous plaise d'augmenter le traitement de votre concitoyen qui vous souhaite toutes sortes
de bonheurs (3).

En réalité, malgré quelques augmentations, ce sont des
salaires de famine, qui sont donnés aux professeurs de
collèges. Salaires précaires aussi, puisqu'ils sont toujours
provisoires.

Il serait peu convenable, écrivait le directoire du département au district d'Hazebrouck, en avril 1792, de leur fixer
un traitement définitif au moment où l'Assemblée nationale
elle-même s'occupe d'organiser l'enseignement public (4).

(1) L, 1033, dos. 1 ; L, 4822, *Arrêté du direct. départ.*, 8 juin 1792.

(2) L, 4827, *Rapport du quatrième bureau*, mai 1793; L, 1051, dos. 2, *Arrêté du direct. départ.*, 23 mai 1793.

(3) L, 1031, dos. 4, *Lettre de Boulangé au direct. départ.*, 5 messidor an II.

(4) L, 1032, dos. 2.

Pour améliorer cette condition des professeurs, la Convention promulgua plusieurs décrets. L'un daté du 11-16 février 1793 autorisa les corps administratifs à élever les traitements de manière que, dans les villes au-dessous de 30.000 âmes, ils ne puissent être inférieurs à 1.000 livres ni excéder 1.500 ; dans les cités plus populeuses, ils pouvaient atteindre 2.000 livres (1). Un autre, du 8 mars, en ordonnant la vente des biens formant la dotation des collèges, annonça que l'Etat se chargerait dorénavant des frais de l'enseignement. Les traitements seraient versés par la trésorerie et payés à partir du 1er janvier 1793, chaque trimestre, par les receveurs du district (2). Les appointements furent donc relevés : à Douai, le principal, le sous-principal et les deux professeurs de philosophie et de rhétorique touchèrent 1.500 ; les régents de seconde et de troisième, 1.450 ; ceux des quatrième, cinquième et sixième classes, 1.400 (3). A Cambrai, nous ne savons pour quelle raison, les réclamations du personnel pour obtenir une augmentation ne furent pas écoutées (4) et, pas davantage, celles du sous-principal de Lille, Lerouge (5). Les concessions de l'administration avaient des limites. Le principal de Douai, Michel, avait demandé, lui aussi, une augmentation de la somme de 2.800 livres qu'il touchait par trimestre pour nourrir les professeurs et les boursiers de son collège. Il déclarait, « vu la chèreté extraordinaire des denrées »

(1) L., Lille, 221, *Extrait du regist. aux délib. du direct. départ.* ; L, 1033, dos. 1, *Arrêté du direct. départ.*, 12 germinal an II.

(2) L., 1032, dos. 1, *Arrêté du direct. départ.*, 17 août 1793. — GUILLAUME, *Procès-verbaux du Comité d'instruction publique sous la Convention*, p XXXIX.

(3) L, 4828, L., 1035, dos. 1, *Projet d'arrêté du direct. départ.*, 2 brumaire an II.

(4) L., 391, f° 32, 22 juillet 1793.

(5) L, 150, f° 109 v., *Arrêté du direct. départ.*, 12 germinal an II.

ne pouvoir joindre les deux bouts. En dépit de l'avis favorable donné par le directoire du district, le département rejeta sa pétition, « considérant qu'il est conforme aux principes de l'égalité d'accoutumer les jeunes élèves à une nourriture frugale autant que saine et abondante (1). »

Pour grossir leur salaire insuffisant, de nombreux professeurs cherchent donc un second emploi rétribué auquel, parfois, ils sont plus attachés qu'à leur chaire. A Cambrai, Catté est en même temps juge au tribunal du district (2) ; son collègue, Villiers, ne laisse pas péricliter son commerce qu'il a entrepris autrefois. Il s'absente très souvent et l'une de ses disparitions a été si longue que le bruit a couru dans la ville qu'il s'était pendu. En réalité, il est détenu dans une prison de Paris pour avoir, au cours d'une rixe, tué un homme d'un coup de pistolet (3). A Douai, Michel est commissaire près du tribunal du district (4) où ses deux collègues, Castille et Delabuisse, siègent comme magistrats (5) ; le principal, Dondeau, est maire de la ville (6) ; un autre régent, Fauviaux, est administrateur du département (7). A Lille, le principal, Bécu (8), le

---

(1) L, 391, f° 48, 52, *Pétition de Michel*, 10 septembre 1793 ; L. 1035, dos. 1, *Arrêté du direct. départ.*, 26 septembre 1793.

(2) L, 1031, dos. 1, *Lettre de Catté au direct. départ.*, novembre 1792.

(3) *Ibid.*, *Rapport au direct. départ.*, *Arrêté du direct. départ.*, 3 mars 1792 ; *Lettre de Villiers au direct. départ.*

(4) L, Douai, dos. 18, *Observations de la municip., de Douai*, septembre 1793.

(5) L, 391, f° 37, *Commission du 25 août 1793* ; L, 292 *Lettre du quatrième bureau au district de Douai.*

(6) L, 137, f° 151r.

(7) L, 1035, dos. 1, *Projet de la Commission*, 6 novembre 1792.

(8) L, 1032, dos 1, *Arrêté du direct. du district de Lille*, 2 octobre 1793.

sous-principal, Lerouge (1), le professeur, Blondeau (2),
sont médecins des hôpitaux. Le principal de Bergues,
Vandenbussche, est en même temps assesseur du juge de
paix (3) et celui de Cassel, Baelde, juge suppléant au tribunal du district (4).

D'autre part, on remarque chez les professeurs un vif
désir d'obtenir la chaire d'une classe supérieure à celle
qui leur est confiée. On sait, en effet, qu'il existe une
hiérarchie des traitements et que les titulaires des chaires
ont un traitement d'autant plus élevé qu'ils s'élèvent de
la sixième à la rhétorique. Aussi sont-ils impatients de
monter d'un degré dès qu'une vacance se produit au-
dessus d'eux. En novembre 1792, Lorain, professeur de
troisième à Lille, donne sa démission. Les titulaires des
quatrième, cinquième, sixième et septième classes, dési-
rant être promus chacun à une classe supérieure, adressent une requête au département. Celui-ci se demande

(1) L, 278, f° 17, *Lettre de Lerouge au district de Lille,* 8 brumaire an II.

(2) L, Lille, 211, *Extrait du regist. aux délib. du direct.
départ.,* 19 juin 1793.

(3) Arch. comm. de Bergues, carton jaune VI, *Réclamation de
la municipalité.*

(4) A. D. Nord, L, 1031, dos. 1. — La loi du 21 vendémiaire an III
déclare « que les instituteurs salariés par la nation ne peuvent
cumuler avec cet emploi aucune autre fonction publique. » Pourtant, la place de principal étant devenue vacante au collège de
Douai, la Société populaire présenta Dondeau, maire de la ville,
uniquement « pour que le logement et le traitement qui y est
attaché tiennent lieu de dédommagement à ce citoyen... On a
pensé que cette place n'exigeant qu'une simple surveillance, elle
ne le détournera pas des fonctions si importantes de l'autre. »
L'administration départementale elle-même demanda au représentant du peuple, Berlier, de lever l'obstacle établi par la loi du
21 vendémiaire. Dondeau fut nommé principal. (A. D. Nord, L,
1035, dos. 1, *Projet de lettre au représentant Berlier,* 9 brumaire
an III; L, 1515, dos. 27, *Lettre du direct. départ. au même,* 9 brumaire an III; L, 1519, dos. 75; L, 292, f° 175, *Lettre au district de
Douai;* L, Douai, 327, dos. 18).

« s'il est plus avantageux à l'enseignement de suivre l'ordre graduel des classes dans la promotion des professeurs aux places qui peuvent devenir vacantes, ou de ne consulter, pour assigner ces places aux aspirants, que le mérite particulier de chacun d'eux. » Il charge donc la municipalité d'enquêter à ce sujet. Elle répond « qu'au premier coup d'œil, il paraît avantageux que les professeurs soient promus graduellement d'une classe inférieure à celle qui la précède, parce qu'il est naturel de supposer qu'un régent s'applique à l'étude et cherche à se rendre capable d'enseigner la partie de la science à laquelle il espère d'être un jour appellé (*sic*), mais comme cette supposition n'est pas toujours vraie dans les effets, elle pense que le mérite seul doit décider du choix des professeurs et que chaque place doit être donnée au concours. » C'est bien, en théorie, l'avis du département, mais il considère qu'en pratique « aucun de ceux qui composent aujourd'hui le collège de Lille n'a été soumis à cette épreuve, et, dans l'état actuel des choses, est-il bien nécessaire d'en faire dépendre le choix du juge? Peut-être touchons-nous au moment où la Convention nationale s'occupera sérieusement de l'instruction publique; peut-être que, dans six mois, un nouveau mode aura renversé tout ce qui existe maintenant à cet égard, et à quoi aura servi d'avoir changé la marche suivie jusqu'ici (1) ? » La requête des professeurs de Lille fut donc admise, après de longues tergiversations : chacun d'eux monta d'un degré, et Desmazières, ancien maître de pension, fut nommé à la chaire de septième (2). A

(1) A. D. Nord, L. Lille, 211, *Lettre du direct. départ. à la municip. de Lille,* décembre 1793.

(2) *Ibid., Requête de Desmazières au direct. départ.,* 13 floréal an II; L., 1032, dos. 1, *Projet d'arrêté du direct. du district de Lille,* 5 brumaire an III.

Maubeuge, en novembre 1792, au départ de Fournier, professeur de rhétorique, Legros, Sohier et Navarro « désirent être promus à des chaires plus avancées » et obtiennent satisfaction (1). A Bailleul, Bruneel attend avec impatience la démission de Baelde, son principal, pour lui succéder. Le juge du tribunal du district d'Hazebrouck, Vermesch, est démissionnaire, en novembre 1792 ; Bruneel espère que Baelde, juge suppléant, deviendra titulaire, quittera l'enseignement, et il sollicite l'appui d'un de ses amis pour être nommé à la direction du collège (2). A la même époque, Michel, professeur de physique à Douai, devient, sur sa demande, principal du collège, en remplacement de Dondeau (3).

Ce Michel paraît d'ailleurs être doué d'une grande ambition. Professeur de rhétorique à Maubeuge, il avait posé sa candidature à la chaire de physique à Douai, qui était plus lucrative (4). Ses anciens collègues imitèrent à leur tour son exemple. En décembre 1792, E. Lorain, après avoir en vain réclamé une augmentation de traitement, brigue et obtient la chaire de troisième au collège de Lille (5) ; un autre, Legros « qui est pauvre et doit soutenir sa famille », trouvant insuffisant le salaire de Maubeuge, demande la chaire de seconde à Douai (13

(1) A. D. Nord, L., 1033, dos. 2, *Pétition au direct. départ.*, novembre 1792 ; L., 268, f° 157 v., *Lettre du direct. départ. au district d'Avesnes*, 4 février 1792 ; L., 148, f° 90, *Arrêté du direct. départ.*, 15 mars 1792.

(2) L., 1031, dos. 1, *Lettre de Bruneel*, 29 novembre 1792.

(3) L., 271, f° 88 v. ; L., 137, f° 151 r., *Lettre du direct. départ. à la municip. de Douai*, 3 novembre 1792.

(4) L., 1033, dos. 1, *Extrait du regist. des delib. du collège royal de Maubeuge*, 30 octobre 1791.

(5) L., Lille, 211, *Lettre du direct. départ. à la municip. de Lille*, décembre 1792.

février 1793) (1). A Lille, Saladin (2), sous-bibliothécaire, professeur de mathématiques, devient professeur de physique à Douai quand Michel est nommé principal.

Ce cumul des fonctions, ces multiples compétitions, ces perpétuels changements de classe à classe, ou de collège à collège, voilà par quoi se traduit la lutte pénible que le corps enseignant mène pour l'existence. Celle-ci leur est rendue plus difficile encore parce que les traitements sont payés très irrégulièrement. A Avesnes, le 10 juillet 1792, Préfontaine, professeur depuis octobre 1791, n'a touché, de ses appointements, qu'un acompte de 300 livres. Il adresse une réclamation au directoire départemental qui notifie à la municipalité d'avoir à lui solder l'arriéré. Elle répond que le département s'étant chargé de nommer lui-même principal et professeurs, c'est à lui de les payer; si non, qu'il lui dise donc où il faut prendre l'argent qu'elle n'a pas (3). Le 10 janvier 1793, les professeurs du même collège réclament six mois de traitement: au mois d'avril, ils reçoivent seulement le deuxième semestre de 1792 (4) ; au mois de septembre suivant, l'un d'eux, Lerouge, réclame en vain le premier semestre de 1793 (5) ; il recommence le 30 ventôse an II : « Voilà un an passé que le maximum de mes appointements sont dûs *(sic)* et les six derniers mois de 1793, vieux style, et les trois premiers, c'est-à-dire, nivôse, pluviôse, ven-

(1) L., 1035, dos. 1, *Lettre de Legros au direct. départ.*

(2) *Ibid., Projet d'arrêté du direct. départ.*, 20 novembre 1792 ; L., Lille, 211, *Extrait du regist. aux délib. du direct. départ.*, 24 décembre 1792.

(3) L., 1033, dos. 1, *Arrêté du direct. départ.*, 13 avril 1792; *Lettre de Préfontaine à la municipalité*, 10 juillet 1792.

(4) *Ibid., Lettre de la municip. d'Avesnes*, 10 janvier 1793; *Arrêté du direct. départ.*, avril 1793.

(5) L, 391, *Lettre de Lerouge au direct..départ.*, 9 septembre 1793.

tôso (1) » ; et il insiste encore le 12 germinal suivant (2). Les traitements sont aussi en retard à Bailleul. Baelde, principal, les a demandés le 10 octobre 1793, et sa lettre a été appuyée, le 16 brumaire an II, par le district d'Hazebrouck (3) ; un mois après, rien encore n'a été payé « à ce citoyen..., malgré ses démarches et ses instances réitérées (4). » De leur côté, les professeurs de Bergues « qui ont un trimestre échu depuis ventôse an II », n'ont encore rien reçu en prairial : le receveur du district a refusé de les solder parce qu'il n'a pas d'ordre et « ne peut disposer des deniers d'une autre caisse sans autorisation (5). » A Cambrai, le 5 juillet 1793, les professeurs n'ont touché aucun traitement depuis le début de l'année scolaire (6) : le receveur du collège ayant résigné ses fonctions, le directoire du département leur délivre un mandat que le receveur du district refuse de payer sous prétexte qu'il manque de fonds (7). Ils réclament de nouveau le 25 juillet (8). En avril 1792, il est dû aux professeurs de Cassel deux trimestres entiers (9). Vers la

(1) A. D. Nord, L, 1033, dos. 1, *Lettre de Lerouge au direct. départ.*, 30 ventôse an II.

(2) *Ibid.* ; L, 150, f° 109 v, *Arrêté du direct. départ.*, 12 germinal an II.

(3) A. D. Nord, L, 6276, dos. 1, *Lettre de Baelde et des professeurs de Bailleul*, 10 octobre 1793; L, 391, f° 101, *Lettre du district d'Hazebrouck*, 16 brumaire an II.

(4) A. D. Nord, L, 292, f° 31, *Lettre du direct. départ. au district d'Hazebrouck*, 16 brumaire an II.

(5) *Ibid.* ; *Lettre du direct. départ. au district de Bergues*, 13 prairial an II.

(6) A. D. Nord, L, 277, f° 42, *Lettre du direct. départ. au district de Cambrai*, 5 juillet 1793.

(7) *Ibid.*, f° 160.

(8) A D. Nord, L, 391, f° 34.

(9) A. D. Nord, L, 4827, *Lettre des professeurs de Cassel*, 13 avril 1792; L, 1031, dos. 2, *Projet de lettre du direct. départ. au district d'Hazebrouck.*

7

fin de juillet ils « se présentent à nouveau pour obtenir
un traitement provisoire : voilà la fin de l'année scholas-
tique et ils n'ont encore rien touché (1). » Même détresse
des professeurs de Douai qui, « pressés par le besoin,
soupirent après leurs appointements (2) », et de Dunkerque
qui, en nivôse an II, attendent 400 livres pour six mois
échus depuis brumaire (3). Ceux d'Hazebrouck sollicitent encore, en octobre 1792, un traitement de neuf
mois ; ils n'ont aucune ressource, dit la municipalité qui
soutient leur cause, « ayant quitté leurs professions pour
embrasser l'état de professeur et n'étant pas fortunés (4) »,
elle la plaide encore le 2 janvier 1793, et réclame alors
un traitement de treize mois (5) qui fut payé seulement au
début de mars (6). A Lille, en avril 1792, le sous-bibliothécaire du collège national, Saladin, demande six mois de
traitement (7) ; le bibliothécaire, Carré-Delarue, déclare
qu'il est en fonctions depuis un semestre « sans avoir
touché un sou d'appointement et que cependant il est
dans le besoin le plus urgent (8). » Il réclame encore le
10 avril (9) et encore le 31 juillet 1793 (10). Le secrétaire du collège, Pierre-Joseph Cambier meurt, le 13

(1) A. D. Nord, L, 1031, dos. 2, *Rapport du principal de Cassel.*

(2) A. D. Nord, L, sous-série T, dos. 1869, *Réclamation des maîtres de quartier de Douai*, 26 frimaire an II ; L, 391, f° 113, *Réclamation du maître Tison*, 26 nivôse an II.

(3) A. D. Nord, L, 391, f°° 126, 135 ; L, 156, f° 122 v.

(4) A. D. Nord, L, 1031, dos. 4, *Lettre de la municip. d'Haze-brouck au district*, 1792.

(5) *Ibid., Lettre au district d'Hazebrouck*, 2 janvier 1793.

(6) *Ibid., Projet d'arrêté du direct. départ.*, 28 février 1793.

(7) A. D. Nord, L, Lille, *Lettre de Saladin au direct. départ.*, 12 avril 1792.

(8) *Ibid., Extrait du registre aux décisions du direct. départ.*, 28 août 1792

(9) *Ibid., Rapport au direct. départ.*, 10 avril 1793.

(10) A. D. Nord, L, 391, f° 50.

messidor an III, n'ayant rien touché de son traitement
depuis le 23 thermidor an II. Sa veuve obtient péniblement 250 livres (1).

On conçoit aisément que de nombreux professeurs, mal
payés et payés irrégulièrement, se soient évadés de
l'enseignement. Les uns démissionnent purement et simplement, comme Fliniaux, principal de Cambrai (2), ou
Ducarne et Préfontaine, régents à Avesnes (3) ; comme
Lesage et E. Lorain, à Lille (4), Goguillon et Fauviaux,
de Douai (5). D'autres entrent dans l'administration ou la
magistrature, s'ils sont hommes de loi ; dans le service
des hôpitaux, s'ils ont fait des études de médecine.
D'autres enfin, réquisitionnés pour le service des armées
ou des tribunaux, à la suite de la loi du 24 vendémiaire
qui interdit le cumul des fonctions, abandonnent leur
chaire sur l'ordre du représentant du peuple. Et alors
c'est une débandade générale du personnel enseignant,
dont voici quelques exemples.

Au collège de Douai, le principal, Dondeau, entré en
fonctions en 1791, démissionnaire en octobre 1792 (6),
est remplacé par Michel, professeur de physique, qui, le
28 vendémiaire an III, est nommé par réquisition, commissaire national au tribunal du district (7), et laisse sa

(1) A. D. Nord, L., 1032, dos. 1, *Projet d'arrêté du direct. départ.,*
15 messidor an III.

(2) A. D. Nord, L., 1034, dos. 1, *Arrêté du direct. départ.,* 31 octobre 1792.

(3) A. D. Nord. 1034, dos. 1, *Rapport du quatrième bureau au
direct. départ.,* 1793.

(4) A. D. Nord, L., Lille, 211, *Extrait du regist. aux délib. du
direct. départ.,* 5 brumaire an III ; L., 1032, dos. 1, *Lettre de Desmazières au direct. départ. ; Projet d'arrêté du district de Lille.*

(5) L., 1038, dos. 1, *Arrêté du direct. départ.,* 28 septembre 1793.

(6) L., 137, f° 151, *Lettre de Dondeau.*

(7) L., 1035, dos. 1, *Lettre de Michel au district de Douai,* 28 vendémiaire an III.

charge au même Dondeau, devenu dans l'intervalle, maire de Douai (1).

Le sous-principal, Barbier, quitte ses fonctions en l'an III ; Bayart en est investi (2). Le professeur de physique, Michel, devenu principal en novembre 1792, laisse sa chaire au sous-bibliothécaire de Lille, Saladin (3), qui, à la fin de l'an III, est envoyé comme élève à l'Ecole normale de Paris, et n'est pas remplacé (4). Le professeur de rhétorique, Dubois-Dunillac, dont nous avons raconté plus haut les aventures financières, quitte le collège en l'an II (5). On lui donne pour successeur un jeune homme de dix-neuf ans, Ringeval, déjà membre de l'agence du Comité du Salut public (6). Ringeval lui-même abandonne l'enseignement peu de temps après et laisse la chaire de rhétorique inoccupée (7). Le professeur de seconde, Goguillon, démissionne, le 26 septembre 1793 (8), est remplacé par Fonsart, qui, moins d'un an après, est nommé administrateur du district (9), et n'a pas de successeur. Le professeur de troisième, Legrand, est promu administrateur des vivres ; celui de quatrième, Dupuis, est réquisitionné comme officier ; les deux chaires de troisième et de quatrième restent vacantes (10). Réqui-

(1) V. plus haut, p. 92, note 6.

(2) A. D. Nord, L, Douai, 327, dos. 18, *Etat des traitements des professeurs de Douai*, fin an III.

(3) V. p. 96, note 2.

(4) V. p. 92, note 6 ; L, 138, dos. 13.

(5) L, Douai, 327, *Tableau de l'éducation au collège national de Douai*, 29 thermidor an II.

(6) *Ibid.*

(7) Il n'est pas porté sur le rôle des professeurs du troisième trimestre an III. (A. D. Nord, L, Douai, 327, dos. 18).

(8) A. D. Nord, L, 1038, dos. 1, *Arrêté du direct. départ.*, 28 septembre 1793.

(9) V. note 5.

(10) V. note 8. — A. D. Nord, L, 1035, dos. 1, *Arrêté du direct. départ.*, 13 janvier 1793.

sition aussi de Delabuisse, professeur de cinquième, qui doit siéger comme juge au tribunal du district ; au moins lui donne-t-on un successeur nommé Boulogne (1). Enfin, durant les quatre années du régime provisoire, la classe de sixième passe successivement aux mains de cinq professeurs. Le premier, Castille, devient administrateur du district, le 6 novembre 1792 (2) ; le deuxième, Fauviaux, est démissionnaire le 25 août 1793 (3) ; Tison, le troisième, est envoyé à l'hôpital militaire de Nord-Libre (Condé), le 7 vendémiaire an III (4) ; le quatrième, Bauduin, devient élève à l'Ecole de santé de Paris, à la fin de l'année scolaire 1794-1795 (5), et trouve un successeur en la personne d'Héroghiez (6).

A la fin de l'an III, le personnel enseignant du collège national de Douai, autrefois si prospère sous le nom d'Anchin, se réduisait donc à cinq membres : le principal, Dondeau, le sous-principal, Bayart, et trois professeurs pour six classes : Boulogne, Héroghiez, auxquels s'adjoignit le citoyen Mellet. Les chaires de logique et de physique étaient supprimées, faute de sujets pour les occuper (7).

Les professeurs de Lille ne sont pas plus stables que leurs collègues de Douai. Au principal Quirez démissionnaire en 1792 a succédé Bécu, professeur de

---

(1) A. D. Nord, L, 1035, dos. 1, *Lettre de Delabuisse au direct. départ.*, 9 brumaire an III ; L, 292, f° 183, *Lettre du direct. départ. au district de Douai.*

(2) A. D. Nord, L, 4828, *Arrêté du direct. départ.*

(3) L, 391, f° 37.

(4) L, 292, *Lettre du départ. au district de Douai* ; L, 1035, dos. 1, *Lettre de Tison*, 7 vendémiaire an III.

(5) V. p. 100, note 2.

(6) *Ibid.*

(7) *Ibid.*

quatrième (1). Le 20 juillet 1793, le professeur de cinquième, Blondeau, est nommé chirurgien à l'armée du
Nord, puis médecin à l'hôpital militaire de Lille : on lui
donne Sauvage comme successeur (2). Au mois de
décembre suivant, Sauvage remplace, dans la chaire de
troisième, E. Lorain, élu juge au tribunal du district, et
tous les professeurs des classes inférieures montent d'un
degré (3). Le 17 juin 1793, Bécu, le principal, devient
médecin en chef de l'hôpital militaire de Lille (4), « six
mois après, le sous-principal, Lerouge, démissionne à son
tour, parce que lui aussi « est occupé à l'hôpital militaire (5) » ; puis c'est le tour du professeur de sixième,
Lesage (6). Baudelet qui remplace ce dernier, le 24 ventôse an II, fait connaitre, le 2 brumaire an III, que « des
fonctions publiques l'empêchent de continuer ses leçons
aux jeunes élèves (7). » Démission et remplacement de
quelques-uns, avancement graduel des autres, tout cela
fait que, dans les premiers mois de l'an III, le corps professoral de Lille est totalement renouvelé (8). Couroublo,
ancien professeur de rhétorique est devenu principal ; le

(1) A. D. Nord, L, 1032, dos. 1.

(2) Ibid. ; L, Lille, 211, *Extrait du registre aux délib. du direct.
départ.* ; L, 391, f° 48.

(3) A. D. Nord, L, 1032, dos. 1, *Rapport au district de Lille ;
L, Lille, 211, Extrait du registre aux délib. du direct. départ.*,
18 octobre 1793 ; L, 275, f° 74, *Lettre du direct. départ. au district
de Lille,* 28 décembre 1792.

(4) A. D. Nord, L, 1032, dos. 1.

(5) A. D. Nord, L, 391, f° 92, *Lettre de Lerouge au direct. départ.*,
21 brumaire an II ; L, 278, *Lettre du direct. départ. au district de
Lille,* 28 brumaire an II.

(6) L, Lille, 211, *Lettre des professeurs de Lille au district,* copie
authentiquée de l'an II.

(7) A. D. Nord, L, Lille, 211, *Extrait du regist. aux délib. du
direct. départ.*

(8) Ibid., *Tableau des professeurs de Lille,* 3 frimaire an III. —
Comparer cette liste avec celle de la page 81.

sous-principal est un inconnu, Delsalle. On trouve en
rhétorique un défroqué, Guffroy, professeur à Lille
avant 1789, nommé à la cure de Saint-André qu'il avait
refusée (1) ; en seconde, Gohin ; en troisième, Sauvage,
« ancien employé de bureau » ; en quatrième, Meurisse,
« auparavant conduisant la boutique de sa mère » ; en
cinquième, Soinne, « ancien receveur du timbre extraordinaire » ; en sixième et en septième, Desmazières, autrefois maître de pension à Lille (2).

A Maubeuge, le collège périclite : après le départ de
Michel pour Douai, le 30 octobre 1791 ; Leblond, son
successeur en rhétorique, est parti lui aussi, le 4 février
1792 (3) ; Fournier, qui recueille la charge, la dépose à
son tour, en novembre, après avoir « obtenu une place à
l'armée (4) ; Pichonnier, régent de quatrième, a donné sa
démission, le 15 mars 1792 ; c'est Sohier, de cinquième,
qui le remplace (5), etc... Tant et si bien que le principal, Contamine, témoin impuissant de ces changements,
constate mélancoliquement, le 23 février 1793, que la
situation est grave dans son établissement, que les chaires
de rhétorique et de seconde sont seules occupées, et que
les quatre autres attendent un titulaire (6). A Avesnes,
Préfontaine et Ducarne ont aussi résigné leurs fonctions ;
Lerouge écrit en ventôse an II que, depuis trois mois, il
est le seul professeur de tout l'établissement (7).

(1) A. D. Nord, L., Lille, 211, *Lettre des professeurs de Lille au
département*, 21 septembre 1793.
(2) *Ibid.*
(3) A. D Nord, L., 148, f° 41-42.
(4) L., 1033, dos. 2, *Lettre de Fournier au direct. départ.*, 2 novembre 1792 ; *Pétition des professeurs au département*.
(5) L., 148, f° 90.
(6) L., 1033, dos. 2, *Lettre de Contamine au département*.
(7) L., 1033, dos. 1, *Rapport du quatrième bureau au direct.
départ. ; Lettre de Lerouge*, 30 ventôse an II.

En somme, l'administration départementale est incapable de faire sortir les collèges du gâchis où ils sont
tombés. Il faut lui donner cette excuse que toute l'organisation est à créer dans le Nord, que le territoire est
longtemps occupé par l'ennemi, et qu'elle reste souvent
sans ressources. Et c'est pour ce dernier motif que les
professeurs, recrutés si difficilement à l'origine de la Révolution, se lassent vite d'un emploi peu lucratif, sont humi-
liés et mécontents de mendier leur traitement, et ne font
que passer dans leurs chaires. Ajoutons que le désordre
est plus grand encore que nous ne l'avons laissé entrevoir
jusqu'ici, parce qu'il atteint également l'administration
même des collèges.

En 1790, le directoire départemental avait chargé les
municipalités de lui fournir un état précis et détaillé des
ressources et des dépenses des établissements d'instruction. Les officiers municipaux de Bergues répondent
simplement que, de la situation financière de leur collège,
ils savent une seule chose, c'est qu'il a 5.000 livres
de dettes (1). A Cambrai, le principal, réfractaire, s'enfuit
le 15 juillet 1701, au moment où il est convoqué pour
remettre ses titres et papiers à la nouvelle administration (2), et, à cette dernière, le receveur du collège ne
veut pas rendre ses comptes (3). A Douai, les professeurs
de Saint-Waast, n'ayant pas davantage renseigné le
séquestre sur l'état de leurs finances et de leurs biens
fonciers, il est impossible de recouvrer les revenus
et de payer les bourses. Ils ont été enfermés au monastère de Vicoigne, où ils vivent d'une pension ecclésias-

(1) A. D. Nord, L, 6275, *Etat de l'enseignement à Bergues*, 13 décembre 1790.
(2) L, 1443 *ter*, dos. 3, *Lettre de Doulan*, 15 juillet 1791.
(3) L, 1034, dos. 1, *Lettre du direct. départ.*, 22 septembre 1791.

tique. Le procureur général syndic du district de Douai
écrit à son collègue de Valenciennes afin qu'il les con-
traigne à fournir les renseignemens attendus, en les
menaçant de la suppression de leur pension (1). Trois
mois après, il n'a pas encore reçu satisfaction (2). Les
religieux d'Anchin qui, depuis 1597, donnaient à leur
collège une somme annuelle de 2.500 florins, refusent
de continuer cette subvention, parce qu'on les a dépouillés
de tous leurs biens et que le collège leur est ravi. Le département promulgue en vain un décret pour les obliger à
payer (3) : en l'an II, l'état des ressources du collège ne
lui a pas encore été transmis (4). A Lille, les revenus du
collège Saint-Pierre sont naturellement enveloppés dans
ceux du chapitre. Sur ces derniers, les scellés ont été
apposés et il est urgent cependant d'acquitter les charges
du collège (5). En outre, certains particuliers réclament
par la voie des tribunaux, une partie des livres et des
manuscrits de la bibliothèque du collège et du chapitre (6). D'autres attaquent en justice le nouveau bureau
d'administration du collège de la ville pour obtenir la
restitution des titres de rentes qu'ils ont autrefois donnés
à cet établissement (7).

(1) A. D. Nord, L., Douai, 327, dos. 13, *Lettre du procureur général syndic de Douai*, 4 mai 1792; *ibid..* dos. 9, *Arrêté du direct.
départ.*, 11 février 1792.

(2) A. D. Nord, L., 4828, *Lettre du direct. départ. au district de
Douai*, août 1792.

(3) A. D. Nord, L., 1035, dos. 1, *Arrêté du direct. départ.*, 19 mars
1792; *Lettre de Lagarde, receveur du collège d'Anchin*, 20 mai 1792.

(4) Arch. comm. de Douai, K³, carton 1, dos. 2, *Lettre du
district de Douai à la municipalité*, 8 ventôse an II.

(5) A. D. Nord, L., 141, fº 137 v.-138, *Arrêté du direct. départ.*,
26 janvier 1791; L., 1032, dos. 1, *Arrêté du direct. départ.*, 26 juin
1791.

(6) L., 1143 oct., dos. 1, *Lettre du procureur syndic du district de
Lille*, 4 mai 1791.

(7) L., Lille, 211, *Mémoire pour Marie-Catherine Winglet et Marie-
Joseph Beccart*, 1791.

D'autre part, tous les bureaux d'administration des collèges ne sont pas établis facilement. Celui de Cambrai refuse d'admettre dans son sein l'évêque constitutionnel Primat, sous prétexte que sa qualité seule de président des États du Cambrésis conférait au chef du diocèse le droit d'y entrer autrefois. Les administrateurs du département conseillent à Primat, qui s'est plaint, d'exiger sa place, affirment que son titre d'évêque lui assure un siège dans le bureau et chargent le district de Cambrai de l'installer de force (1). A Bergues, le bureau a été constitué par la municipalité, mais le principal Vandenbussche n'y a pas été admis et proteste auprès du département (2).

D'autres conflits du même genre s'élèvent entre le département et les municipalités. Celle de Lille se dérobe quand il s'agit d'installer officiellement le personnel du collège, en 1791 (3). En 1792, elle refuse encore de recevoir le serment du professeur Sauvage, qui n'a pas daigné avertir « le corps municipal de sa nomination. » Elle ajoute qu'elle a décidé de ne recevoir aucun serment, parce qu'à elle seule est réservé le choix des professeurs de son collège et que, pour faire reconnaître ses prérogatives, elle va « se pourvoir devant qui il appartient (4). » A Douai, le corps municipal élit lui-même un remplaçant au principal Dondeau qui a donné sa démission en 1791. L'élection est annulée par le directoire départemental qui installe son candidat, Michel, professeur de physique (5).

(1) L., 271, f° 213 v.-214, *Lettre du direct. départ. à Primat*, 11 juillet 1792 ; *ibid.*, f° 233, *Lettre du direct. départ. du district de Cambrai*, 17 juillet 1792.

(2) L, 6276, *Lettre du direct. départ. à la municipalité de Bergues*, 5 mai 1792.

(3) L., Lille, 221, *Lettre du direct. départ. au district de Lille*, 20 septembre 1791.

(4) L., Lille, 211, *Lettre de Sauvage au direct. du district*, 1792.

(5) L, 137, f° 154 r.

En 1791, les officiers municipaux de Dunkerque, mécontents de l'envoi d'un principal désigné d'office, adressent d'énergiques protestations (1). A Maubeuge, un différend s'élève entre la municipalité et le professeur de troisième, Lambert. Celui-ci, « ami très chaud de la Constitution », est un personnage encombrant qui se signale par la fougue de son ardeur révolutionnaire. En classe, il enseigne la Constitution malgré la défense du maire « qui ne l'a pas payé pour cela. » La police bienveillante, ayant un jour laissé partir pour Mons des voitures chargées d'objets religieux, il a protesté véhémentement au départ du convoi. Pour faire opposition au maire qui « n'aime pas la paroisse ni les messes constitutionnelles », il a pétitionné pour qu'une messe fût dite chaque jour, au collège, par un prêtre assermenté ; il a réclamé contre « l'abus des oratoires religieux et autres, où les prêtres réfractaires continuent secrètement leurs fonctions. » En revanche, la municipalité l'accuse d'avoir, un jour qu'il était en état d'ivresse, maltraité le portier et le cuisinier du collège. Elle décide de le rayer de la liste des professeurs, mais Lambert est maintenu par le département (2). Quand celui-ci nomme Sohier à la chaire de cinquième, elle proteste contre cette nomination qu'elle appelle un abus de pouvoir, et lorsque Sohier est promu à une chaire supérieure, elle proteste encore parce qu'il est « léger, peu instruit » et qu'il a « déjà été admis fort légèrement » dans le corps professoral (3).

Le mécontentement des municipalités à l'égard du

(1) L., 266, f° 77 r., *Lettre du direct. départ. au district de Bergues,* 21 août 1791.

(2) L., 1033, dos. 2, *Lettre de Lambert au direct. départ.,* 21 septembre 1791; L., 266, f° 27 v.-28, *Lettre du direct. départ. à Lambert,* 7 octobre 1791; L., 1033, dos. 3, *Lettre du direct. départ. à la municipalité de Maubeuge,* 7 octobre 1791.

(3) L., 1033, dos. 3, *Lettre de la municip. de Maubeuge,* 15 mars 1792.

département se traduit naturellement par une hostilité contre les citoyens qu'il a établis dans les collèges. A Maubeuge encore, il existe une rivalité entre le principal Contamine qui voudrait faire arriver son ami Legros à la chaire de rhétorique, et le maire, Lucq, qui patronne un sieur Fournier. C'est ce dernier qui l'emporte, le maire ayant réussi à gagner à sa cause le bureau d'administration du collège, mais cette nomination, dit le principal « va mettre le schisme » dans l'établissement (1). Forcade, imposé, on s'en souvient, par le directoire départemental, comme principal de Cassel, est lui aussi fraîchement accueilli par la municipalité. Elle imagine, pour retarder la réouverture du collège, d'y loger des troupes. A Forcade qui proteste, alléguant qu'il existe à Cassel d'autres grands bâtiments inoccupés, elle offre, en guise de classes, des locaux dans la prison. Le malheureux principal, en butte d'autre part à l'hostilité des soldats qu'il a voulu faire déloger, se résigne à réunir ses élèves dans ses propres appartements (2). Privé de local, de mobilier scolaire et de livres, il demande aux officiers municipaux d'obliger les Récollets à lui céder quelques chambres, à lui remettre les livres classiques utilisés autrefois dans le collège. Ils répondent qu'ils feront faire un inventaire de ces livres et qu'ils ne « se croient pas autorisés à disposer des chambres du couvent des Récollets (3). »

Enfin le directoire départemental ordonne l'évacuation des classes (4), mais Forcade joue de malheur. De sa propre autorité, à peine installé, il fait faire des travaux

---

(1) L., 1033, dos. 3, *Lettre de Contamine au direct. départ.*, 13 février 1792.

(2) L., 1033, dos. 2, *Lettre de Forcade à la municip. de Cassel*, 21 décembre 1791.

(3) *Ibid.*

(4) *Ibid., Arrêté du direct. départ.*, 3 janvier 1792.

de réparation et le département ne manque pas, en lui
envoyant un blâme, de laisser à sa charge la note à
payer (1). Aussi peu enviable est la situation de Baelde,
nouveau principal de Bailleul. La municipalité maintient
l'ancien principal dans ses fonctions et Baelde fait savoir
au district qu'afin de le priver des « meubles qui ont
servis *(sic)* aux principaux successifs », elle les a fait
mettre sous scellés. Sous scellés aussi les ornements de
la chapelle du collège dont la garde sera confiée « à quelque prêtre non conformiste sans doute, n'y aiant pas
d'autres ici *(sic)* (2). » De leur côté, les officiers municipaux se plaignent de lui, d'abord parce qu'il « se permet
la dérodation de quelques hayes qui se trouvent au jardin
de son habitation », sans les avoir avertis, ensuite parce
que, « au mépris de son admission et commission, il s'est
permis de loger et habiter le collège, avec toute sa
famille (3). » En mars 1792, ils refusent de l'admettre
dans le bureau d'administration du collège et il faut une
intervention de l'administration départementale pour
qu'il y puisse siéger (4). Au mois d'août suivant, ils
déclarent qu'ils ne fourniront aucune subvention pour
l'achat des livres destinés à la distribution des prix (5).
Enfin, au mois de février 1793, ils réduisent son traitement de 60 florins et disposent du collège pour y caserner
« plusieurs compagnies de soldats et de volontaires
nationaux (6). »

(1) L, 1033, dos. 2, *Arrêté du direct. départ.*, 23 avril 1792.

(2) L, 1032, *Lettre de Baelde au district*, 5 octobre 1791.

(3) L, 1031, dos. 1, *Lettre de la municip. de Bailleul au district*,
19 décembre 1791.

(4) *Ibid.*, *Arrêté du direct. départ.*, 6 mars 1792.

(5) *Ibid.*, 16 août 1792.

(6) *Ibid.*, 3 février 1793.

Régler tous ces différends n'est pas chose facile pour l'administration du département qui ne dispose d'aucun moyen de coercition à l'égard des municipalités récalcitrantes. Elle se trouve aussi dans une situation inextricable quand il s'agit pour elle d'attribuer des bourses aux jeunes écoliers. Au mois d'août 1791, elle avait prié les districts « de lui faire connaître avec détail l'état des fondations particulières destinées à subvenir à l'éducation des jeunes gens peu aisés (1). » Les districts s'étant heurtés, comme nous l'avons indiqué plus haut, à de très grosses difficultés, furent impuissants à dresser l'état des revenus de leurs collèges respectifs et ne répondirent pas à son appel. Une seconde circulaire plus pressante leur fut adressée le 13 octobre (2). Il y avait urgence, en effet, à prendre des décisions au sujet de la collation des bourses. L'année scolaire était commencée, les bureaux d'administration n'étaient pas encore partout entrés en activité, les anciens refusant « toujours de donner les noms des anciens boursiers » et se proposant de distribuer les « bourses en argent, selon leur caprice (3) » ; les nouveaux, pas toujours dociles et éclairés, attribuant les bourses sans souci de la légalité. A Anchin, sur douze bourses qui existaient pour les jeunes gens pauvres d'Artois, de Flandre et du Cambrésis, les religieux en avaient fondé trois dont ils choisissaient eux-mêmes les bénéficiaires. La nouvelle administration du collège les accapara toutes sans songer que les trois bourses des moines, devenues propriétés nationales, étaient de ce fait

(1) A. D. Nord, L. 281, f° 142 r., *Circulaire aux districts*, 13 octobre 1791.

(2) *Ibid.*

(3) L, 1413 *quater, Lettre du curé Caille, administrateur du district de Douai*, 21 octobre 1791.

à la collation du département. Celui-ci ne manqua pas d'annuler les décisions du bureau (1).

Dans une séance tenue le 14 décembre 1791, il organisa donc lui-même le mode de nomination aux bourses du collège national de Douai, en se réservant le choix des boursiers autrefois désignés par les religieux (2). Cet arrêté, précisé par un second, daté du 10 janvier 1792 (3), fut annulé par un troisième du 12 février, en vertu duquel toutes les bourses seraient dorénavant conférées par l'administration du département (4). Malheureusement, il en fut du paiement des bourses comme du traitement des professeurs : elles furent soldées irrégulièrement. « Je me désole, écrivait Chent, un professeur de Bergues, le 14 novembre 1792, de voir que ce paiement qui devait s'effectuer le 1er janvier 1792, soit encore comme au premier moment, et si l'administration ne prend aussitôt un parti à ce sujet, savoir d'ordonner ces paiements, j'aurai la douleur de voir périr totalement l'instruction (5). » Plus précaire encore devient la situation des boursiers, quand le Comité d'instruction publique de la Législative décréta, le 21 mai 1792, « la suspension des bourses jusqu'à ce qu'on ait trouvé un nouveau mode d'attribution (6). » Ce décret fut d'autant plus facilement observé que l'argent faisait toujours défaut. La Convention, ayant prescrit, le 5 mai 1793, que les bourses seraient données de préférence aux enfants des citoyens

(1) L., 100, *Séance du direct. départ.*, 27 novembre 1791.

(2) L, 137, f° 97 v.-98.

(3) L., 1035 dos. 1, *Projet d'arrêté du direct. départ.*, 10 janvier 1792.

(4) L, sous-série T, dos. 1869, *Extrait du registre aux arrêtés du direct. départ.*, 11 février 1792.

(5) L, 4838.

(6) GUILLAUME, *Procès-verbaux du Comité d'instruction publique de l'Assemblée législative*, p. 302.

pauvres défenseurs de la patrie (1), nombreuses furent les réclamations des jeunes écoliers choisis auparavant par le département et qui étaient laissés sans ressources (2).

Dans ce bouleversement général du régime scolaire, que devient donc l'enseignement? A la vérité, il a bien peu changé ; le programme des études et les méthodes pédagogiques sont semblables au programme et aux méthodes des régents d'avant 1790, la Constituante pas plus que la Législative n'ayant rien innové sur ces deux points. Les nouveaux professeurs, dit la municipalité de Bailleul, le 5 octobre 1791, continueront « les enseignements ordinaires et accoutumés par leurs prédécesseurs et jusqu'à ce que la Législative nous aura fait parvenir un autre mode d'enseignement plus instructif et plus utile aux élèves (3). »

En fait, les professeurs nouveaux comme les anciens, enseignent la grammaire, la syntaxe, la poésie et la rhétorique: ainsi à Bergues (4), à Cassel (5), à Avesnes (6), à Cambrai (7) et à Douai (8). A Bergues, les élèves sont encore obligés de parler latin durant leurs ébats, les jours de congé (9) ; à Dunkerque, les classes continuent d'être

(1) Ce décret fut notifié aux districts par une circulaire du directoire départemental, datée du 30 septembre 1793. (A. D. Nord, L, 283, f' 173 v.).

(2) Voir une série de réclamations des boursiers de Douai (L, 391, f** 13 v., 26, 31, 62, 134).

(3) A. D. Nord, L, 1032, Lettre au direct. départ.

(4) État de l'enseignement à Bergues, 8 mars 1792.

(5) L, 1031, dos. 2, Arrêté du direct. départ., 23 mai 1793.

(6) L, 1033, dos. 1, Lettre du district d'Avesnes au direct. départ., 1791.

(7) L, 1034, dos. 1, Lettre du district de Cambrai au direct. départ., 1792.

(8) L, Douai, 327, Tableau de l'enseignement à Douai, 29 messidor an II.

(9) V. note 4.

— 113 —

faites en français et en flamand (1). Ce sont donc toujours les mêmes humanités qui sont enseignées et toujours de la même façon. Au surplus, les écoles de mathématiques et de dessin de Lille (2), de Valenciennes (3) et de Cambrai (4), se retrouvent, comme sous l'ancien régime, séparées des collèges, et il n'existe aucune trace de l'application du décret de la Constituante (26 mars 1791) qui établit dans chaque établissement d'enseignement un professeur de dessin (5). L'année scolaire s'achève encore avec le mois d'août (6), par une distribution de prix, conformément au décret de la Convention en date du 29 juin 1793 (7). Comme avant la Révolution, les prix sont distribués en grande pompe, devant les autorités constituées (8), et pour rehausser cette solennité, en 1793, les élèves de Douai sont soumis à des interrogations publiques sur la physique (9), tandis que ceux de Lille jouent la pièce de Guillaume Tell (10).

(1) L., 6276, dos. Dunkerque, *Lettre du direct. départ. au district de Bergues*, 12 novembre 1791.

(2) L., Lille, 211. *Rapport du professeur de mathémat. de Lille*, 26 octobre 1791 ; *Lettre de la municip. au district de Lille*, 28 février 1793.

(3) L., 254, f° 168 v. ; L, 1035 *bis*, dos. 1, *Lettre de Ducroc*, 7 novembre 1791.

(4) L., 392, f° 32 ; L, 1031, dos. 1, *Projet d'arrêté du district de Cambrai*, 7 floréal an III.

(5) GUILLAUME, *op. cit.*, p. 137.

(6) A. D. Nord, L. 1033, dos. 1, *Lettre d'incitation à la distribution des prix de Douai*, 1792 ; *Lettre de la municipalité d'Avesnes au direct. départ.*, 1ᵉʳ décembre 1791 ; L, 1033, dos. 2, *Lettre de Michel*, 5 août 1790 ; L., 156, f° 52, *Requête du principal de Bergues*, 29 juillet 1793 ; L., 391, f° 53, *Requête du principal de Bailleul*, 15 septembre 1793 ; L., 391, f° 79, *Requête du sous-principal de Lille*, 10 octobre 1793 ; L., Lille, 211, *État des dépenses du collège de Lille*, 1793.

(7) L, 4820, *Décret de la Convention*, affiche.

(8) L, 1035, dos. 1, *Lettre d'incitation à la distribution des prix de Douai*, 1792.

(9) *Ibid., Arrêté du direct. départ.*, 1ᵉʳ juillet 1793.

(10) *Ibid., Arrêté du direct. départ.*, 11 août 1793 ; L., Lille, 221, *Pétition des élèves du collège de Lille*, 25 juillet 1793.

8

Le caractère religieux des collèges subsiste lui aussi, au moins durant les premières années du régime provisoire. A Bailleul, la messe du Saint-Esprit est encore célébrée en 1791 (1) ; à Bergues, en 1792, les élèves assistent encore tous les matins à la messe de dix heures célébrée par leur aumônier, Bollaert (2) ; à Bailleul, le principal, Baelde, se plaint, en 1791, que la municipalité ait mis sous scellés et confié à un ecclésiastique les ornements de la chapelle du collège, parce qu'il faudra, dit-il, « recourir au prêtre dépositaire, chaque fois qu'il s'agira de changer de vêtements et de décorations dans l'église (3). » A Valenciennes, les professeurs réclament de la municipalité un aumônier qui célèbrera la messe, tous les jours, devant les élèves (4). Même en 1793, à Douai, et à Lille, en 1791, la messe est dite quotidiennement, au collège, par le chapelain (5).

Toutefois l'esprit nouveau a pénétré dans quelques établissements. A Douai, le principal, Michel, et le professeur de physique, Saladin, s'efforcèrent de créer un laboratoire de physique et de chimie. Le collège s'était déjà enrichi, en 1792, des « globes, sphères et autres instruments de physique » confisqués aux établissements monastiques (6) ; en 1793, il reçut encore la collection du baron Tott, un émigré (7), et, en l'an III, celle de

(1) A. D. Nord, L, 1031, dos. 1.

(2) L, 6275, *Etat de l'enseignement à Bergues*, 8 mars 1792 ; L, 270, f° 137, *Lettre du direct. départ. au district de Bergues*, 20 avril 1792.

(3) L, 1032, *Lettre de Baelde au district d'Hazebrouck*, 5 octobre 1791.

(4) Arch. comm. de Valenciennes, K 4, 2 bis, *Lettre des professeurs*, 26 septembre 1891, orig. pap.

(5) A. D. Nord, L, Douai, 327, *Etat des traitements des professeurs*, 25 juillet 1793 ; L, Lille, 211, *Etat des dépenses du collège*, 1794.

(6) L, 1030 bis, dos. 3, *Arrêté du direct. départ.*, 31 mars 1792.

(7) L, 391, f° 42, *Rapport du quatrième bureau du direct. départ.*, 28 juillet 1793.

l'abbaye de Vaucelles (1). Un inventaire du laboratoire, dressé le 16 nivôse an III, fournit la liste des instruments utilisés par le professeur pour ses démonstrations scientifiques (2) : outre les machines à faire le vide et les balances, il y a surtout des « instruments d'électricité », machines électriques, bouteilles de Leyde, électromètres, etc..., ce qui prouve combien les études d'électricité, si neuves encore, s'étaient rapidement vulgarisées dans ce collège. C'est là un fait remarquable et qui dénote une orientation nouvelle dans l'enseignement.

Mais le collège de Douai est un privilégié, car aucun autre, apparemment, ne fut doté d'une aussi riche collection d'instruments. Nulle part ailleurs les études scientifiques ne prirent un tel essor. A Bergues, le professeur Waeles se contente seulement d'enseigner, dans les leçons

(1) L., 1035, dos. 1, *Lettre du direct. départ. à Saladin*, 3 vendémiaire an III.

(2) L, Douai, 327, dos. 1. — Voici le détail de ces instruments : « *Instruments de la pneumatique* : Machine pneumatique qui se manœuvre avec le pied, une idem avec deux corps de pompe, une idem d'un seul corps de pompe, 11 récipients de différentes grandeurs (où l'on fait le vide), 3 verres cylindriques, bouchés de vessies (pour faire le vide), une balance pour la pesanteur spécifique dans le vide, 2 plaques de verre dépoli, 2 émisphères de Magdebourg, un tube de verre pour la chute des corps dans le vide, 2 fusils à vent, un tube de compression en cuivre. — *Instruments d'électricité* : Une machine électrique à plateaux, une batterie électrique de 9 bocaux, un globe vide d'air pour représenter l'auréole boréale, plusieurs pièces de cuivre pour l'électricité dans le vide, tubes de verre, 2 électromètres à boule de sureau, excitateur universel en cuivre, excitateur à deux manches en cuivre, 2 tableaux étincelants, électromètre à cadran d'ivoire, pyramide à trois pièces, façade à fenêtre mobile, 2 maisonnettes, bouteille de Leyde, 2 tableaux magiques, mortier électrique, 8 canons de fer blanc, petite machine électrique, 3 électrophores, 3 tabourets électriques, 5 conducteurs de fer blanc, etc. — *Appareils de chimie* : Quelques cornues de verre blanc, quelques cucurbites avec leurs chapiteaux en verre blanc, quelques tubes en verre blanc, petit alambic en cuivre, petit alambic en fer blanc, un bain de sable en fer. »

publiques, les « mesures républicaines (1). » A Hazebrouck sont établies, en l'an II, des classes de mathématiques, où les élèves sont instruits sur les éléments de
géométrie théorique et pratique, sur « les poids et mesures
républicaines », et, en l'an III, des leçons de botanique (2).

Si l'enseignement scientifique ne fut pas davantage
répandu dans les collèges, l'éducation civique des jeunes
élèves ne manqua pas d'être soignée. Plusieurs décrets
enjoignaient aux professeurs de faire connaître « l'Acte
constitutionnel, le calendrier... d'expliquer les décrets,
de faire apprendre le recueil des actions héroïques... (3). »
La Convention envoyait régulièrement son *Bulletin* qui
devait être commenté dans les classes (4). Nous savons
que les professeurs de Lille se conformèrent à ces
prescriptions qui obligeaient la totalité du corps enseignant (5).

A Douai, l'enseignement civique était gradué d'après
l'âge des élèves. Dans la classe de physique et de mathématiques, la plus élevée de l'établissement, le professeur
lisait le *Bulletin de la Convention ;* en quatrième et en
cinquième, en sixième et en septième, il expliquait les
Droits de l'Homme, l'*Acte constitutionnel,* les *Actions
et la morale républicaine* et faisait la lecture des *Faits
héroïques et civiques des républicains français,* Dans
ces deux dernières, les *principes de la Révolution*

(1) A. D. Nord, L, 6276, dos. 1, *Lettre de Waeles au citoyen
Caulier,* 1er thermidor an III.

(2) L, Hazebrouck, 61, *Lettre du district d'Hazebrouck,* 6 brumaire an III.

(3) L, Lille, 211, *Lettre des professeurs du collége de Lille au
district,* an II, cop. authent.

(4) L, 6276, dos. 1, *Décret,* 23 février 1793, placard.

(5) V. note 3.

faisaient partie du programme des études, depuis le mois
de novembre 1792 (1).

Mais les disciples qui reçoivent cet enseignement sont
peu nombreux. La situation embarrassée des collèges
sous le rapport financier, le peu de confiance des populations dans le savoir des professeurs, et aussi leur attachement à l'ancien ordre de choses, les changements trop
fréquents du personnel enseignant, les conflits multiples
entre les diverses administrations et par-dessus tout peut-
être l'occupation du département par les armées enne-
mies en 1792 et en 1793, tout cela frappe d'impuissance
le régime scolaire provisoire. Il suffit de jeter un coup
d'œil sur les différents établissements d'éducation pour
juger combien ils sont déchus de leur ancienne splendeur.

Dès l'année 1791, la municipalité d'Avesnes constate
que son collège est « dans la plus grande inactivité(2). »
L'année suivante, il n'y reste plus qu'un seul professeur,
Préfontaine, et seul il restera « jusqu'à ce que le nombre
des élèves exige la nécessité des autres professeurs (3). »
Loin de s'améliorer, la situation devient de plus en plus
mauvaise: « les cours de leçons ne sont plus suivis » en
germinal an II (4). Quelques mois plus tard, en ventôse,
l'unique professeur écrit au district : « Si on juge à propos,
j'avouerai en bon républicain que j'existe professeur sans
élèves depuis frimaire, et cependant je conserve mes

(1) A. D. Nord, L, Douai, 327, *Tableau de l'éducation au collége
national de Douai*, 29 messidor an II. — Nous n'avons retrouvé
aucun de ces manuels d'enseignement civique.

(2) A. D. Nord, L, 4821, *Lettre au direct. départ.*, 1ᵉʳ décembre
1791.

(3) *Ibid.*, *Lettre de Préfontaine à la municipalité d'Avesnes*, 1792.

(4) L, 1033, dos. 1 ; L, 150, fᵒ 109 v., *Arrété du direct. départ.*,
12 germinal an II.

droits (1). » Bergues qui comptait 120 élèves en 1789, n'en a plus que 80 en 1790 (2), 34 en 1792 (3), et ils ne sont pas assez nombreux pour occuper toutes les bourses fondées au collège et dans les deux séminaires voisins, de Cuper et de Saint-Pierre (4). Pour remédier à cette pénurie, la municipalité crée une « académie de dessin, de peinture, d'anatomie, de pilotage, d'arpentage, d'ornement, de mythologie, de miniature, de portrait, de charpente, de menuiserie », etc.,. et elle y réunit 115 étudiants (5). Elle voudrait cependant revivifier sa maison d'enseignement et elle propose au district de supprimer celle d'Hazebrouck (6). En attendant, les locaux déserts servent de lieu de réunion au directoire du district (7). Cambrai n'a plus que 17 collégiens, et, d'après le directoire départemental, « c'est la faute des parents guidés par des préjugés ou des insinuations funestes qui ont écarté leurs enfants des écoles publiques, ou bien d'autres parents qui attendent que l'instruction publique soit organisée afin que leurs enfants en tirent des fruits plus certains (8). » Le district qui « voit avec douleur cette décadence de l'instruction » trouve que c'est trop de quatre professeurs et propose au département de diminuer

(1) L, 1033, dos 1, *Lettre*, 30 ventôse an II.

(2) A. D. Nord, L, 6275, *État de l'enseignement à Bergues*, 13 décembre 1790.

(3) Ces 34 écoliers se répartissant en six classes : la rhétorique en avait 3 ; la seconde, 2 ; la troisième, 6 ; la quatrième, 8 ; la cinquième, 5 ; la sixième, 10. (*Ibid.*).

(4) *Ibid.*

(5) *Ibid.*

(6) *Ibid.*

(7) L, 6276, *Lettre du concierge du collège au district de Bergues*, sans date.

(8) L, 277, f° 36 r. ; L, 1031, dos. 1, *Lettre au district de Cambrai*, 2 juillet 1793.

le personnel (1). Sa demande n'ayant pas été agréée, il
tente au moins de réduire les traitements, ce qui soulève
chez les professeurs de véhémentes protestations (2). A
Cassel, les élèves restent 4 et le district d'Hazebrouck
constate mélancoliquement que « l'enseignement public
est bien tombé depuis quelques années (3). » Le collège
national de Douai qui en abritait 480 alors qu'il portait
le nom d'Anchin, en réunit 70 en l'an II. Pas un seul
en logique, en rhétorique, en poésie et en troisième.
Ils sont 13 seulement en physique ; 5, dont un de
seconde, en quatrième ; 7 en cinquième, 15 en sixième,
30 en septième (4). La disette d'écoliers est si grande que
l'administration départementale ne s'avise plus de nommer
un professeur sans s'être assurée, au préalable, qu'il
trouvera des auditeurs (5). A Dunkerque, en 1791, la
municipalité trouvant son collège « fort onéreux et fort
peu fréquenté » propose de le supprimer « ou de le rétablir
sur un autre pied (6). » A Hazebrouck, en l'an II, « deux
professeurs, après avoir exercé quelque temps leur fonction ont abandonné leur poste, et il n'en reste qu'un,
mécontent de n'avoir que 600 livres de traitement
par an et d'être obligé de faire tout, tout seul (7). » Il
faut dire que Boulangé, c'est le nom du mécontent,
n'enseigne le latin qu'à 2 ou 3 élèves (8).

(1) L, 1034, dos. 1.
(2) *Ibid., Projet de lettre du direct. départ. au district de Cambrai,*
9 octobre 1793.
(3) L, 1031, dos. 2, *Rapport au direct. départ.*, 23 mai 1793.
(4) L, Douai, 327, *Tableau de l'éducation au collège de Douai*, 29
messidor an II.
(5) *Ibid.*, dos. 18, *Lettre du district au direct. départ.*, 16 frimaire
an II.
(6) L, 6276, dos. T, *Lettre au direct. départ.*, 7 décembre 1791.
(7) L, 1031, dos. 4, *Lettre de Boulangé au direct. départ.*, 5 messidor an II.
(8) L, Hazebrouck, 61, *Réponse du district d'Hazebrouck à la
Commission exécutive de l'Instruction publique*, 6 brumaire an III.

Au lieu des 200 élèves qu'il avait en 1789, le collège de Lille n'en compte plus que 149 en 1790, et il a dû fermer son pensionnat « attendu, dit le bureau d'administration, que le nombre des élèves n'était pas suffisant pour subvenir aux frais (1). » Il n'en a plus que 60 (2), le 26 mai 1791, mais on en retrouve 115, au mois d'octobre, après la fermeture définitive du collège Saint-Pierre (3). En pluviôse an III, le nombre est de nouveau « si diminué que, pour le relever, le bureau d'administration propose de transférer l'établissement dans l'ancienne maison des Récollets située plus près du centre de la ville (4). On le transfère, mais il se vide davantage, car en messidor, quatre classes seulement subsistent. « Une partie des écoliers, disent les professeurs, a quitté le cours des études dans la persuasion où étaient les parents que le collège était supprimé vu l'établissement des Ecoles centrales (5). » Moins brillante encore est la situation du collège de Maubeuge. En 1791, « il est des régents qui ne tiennent plus leurs classes, d'autres qui en chassent arbitrairement les écoliers. Les parents du dehors retirent les pensionnaires avec un empressement qui annonce leurs alarmes, enfin tout présage la chute de ce collège si un prompt arrêté ne rétablit une administration sage et instruite (6). » Six mois après cet aveu du Conseil d'administration, la municipalité écrit à

(1) L, Lille, 211, *Etat de l'enseignement à Lille*, 1790.

(2) L. Lille, 212, *Etat des collèges de Lille*, 26 mai 1791.

(3) *Ibid.*, *Lettre de la municipalité au district de Lille*, 14 octobre 1791.

(4) L, Lille, 211, *Lettre de Boursier au direct. départ.*, 3 pluviôse an III.

(5) *Ibid.*, *Lettre des professeurs de Lille au district*, 19 messidor an III.

(6) L, 1033, dos. 3, *Lettre du bureau d'administration du collège au direct. départ.*, 18 avril 1791.

son tour que « le plus grand nombre des écoliers ont
déserté le collège, et que point n'est besoin de nommer
les professeurs de poésie et de rhétorique (1). » Et, en
effet, l'établissement est bientôt transformé en caserne (2).
Quand il est rendu à l'enseignement, il ne réunit que
16 écoliers, à savoir : 1 en rhétorique, 2 en seconde,
1 en troisième, 4 en quatrième, 2 en cinquième, 0 en
sixième (3).

S'il est vrai que l'on juge de la prospérité d'un établissement d'instruction par le nombre de ses élèves, on
peut affirmer que la faillite de l'enseignement secondaire
est complète en 1794. En théorie, celui-ci est resté ce
qu'il était en 1789 : le niveau des études n'est pas plus
élevé, les programmes des humanités est le même, en
dépit des accusations d'insuffisance qui avaient été for-
mulées contre lui au cours du XVIII° siècle. Mais les
onze collèges qui avaient tenté de survivre sont dans une
situation lamentable parce qu'ils sont sans ressources et
sans écoliers. Suivant l'expression du citoyen Dufourny,
« ils ne pouvaient plus longtemps échapper à la faux
réformatrice (4). »

(1) L, 1033, dos. 2, *Lettre de la municipalité au direct. départ.*,
8 novembre 1791.

(2) La municipalité y loge le bataillon des gardes nationaux
soldés de Seine-et-Marne (L, 263, f° 139 v.-140, *Lettre de Contamine*,
1er février 1792; L, 1033, dos. 3, *Lettre du direct. départ. au district
d'Avesnes*, 22 juin 1792; L, 271, f° 145, *Lettre du direct. départ. à
Contamine*, 22 juin 1792).

(3) L, 1033, dos. 3, *Lettre de la municipalité*, 3 janvier 1793; L,
1033, dos. 2, *Lettre du district d'Avesnes*, 26 janvier 1793.

(4) *Discours*, 15 septembre 1793. (*Moniteur*, 19 septembre 1793).

CHAPITRE IV

LA NOUVELLE ORGANISATION DE L'ENSEIGNEMENT SECONDAIRE. — LOI DU 7 VENTOSE AN III. LOI DU 3 BRUMAIRE AN IV

Principes de la loi du 7 ventôse an III. — Création des jurys d'instruction à Lille, à Cambrai, à Maubeuge. — Protestations contre les décisions du représentant Jard-Panvilliers. — Loi du 3 brumaire an IV : une seule Ecole centrale, à Maubeuge. — Réclamations. — Décret du 8 prairial an IV qui fixe l'Ecole centrale à Lille. — Recrutement des professeurs. — Ecoles centrales supplémentaires.

La réforme de l'enseignement secondaire était en effet une des grande préoccupations de la Convention. Le Comité de l'instruction publique, dans lequel se distinguaient Lakanal et Romme, y travaillait avec une activité fébrile : il aboutit à faire voter la loi du 7 ventôse an III qui établissait sur tout le territoire de la République une Ecole secondaire ou Ecole centrale, par groupe de 300.000 habitants. Comme le département du Nord, en raison de sa population, avait droit à trois établissements de ce genre, le représentant du peuple, Jard-Panvilliers, envoyé pour veiller à l'application rapide des volontés de de l'Assemblée, décréta, le 18 germinal, qu'ils seraient fixés à Lille, à Cambrai et à Maubeuge. En attendant qu'ils pûssent être mis en activité, la Commission exécutive de l'instruction publique ; qui « regardait comme une calamité la cessation de tout enseignement... dans les collèges », arrêta que les professeurs continueraient

à remplir leurs fonctions et à recevoir leur traitement (1).
La disparition définitive des collèges se trouvait donc
ainsi retardée de quelques mois (2).

La loi du 7 ventôse exigeait que chaque Ecole centrale
fût pourvue d'un jury central d'instruction, composé de
trois membres, chargé de recruter les professeurs. En
outre, les bâtiments devaient être aménagés de façon à
contenir quatre salles consacrées à l'enseignement, une
salle pour les exercices publics, un local pour la bibliothèque, un cabinet de physique expérimentale, un cabinet
d'histoire naturelle, une salle de dépôt des machines et
des modèles pour les Arts et Métiers, un laboratoire de
chimie, et des appartements pour les professeurs. Un
emplacement devait être réservé pour la création d'un
jardin botanique.

Jard-Panvilliers s'empressa de faire appliquer la loi
dans le département du Nord. Le 6 prairial an III, il fit
savoir au district de Lille qu'il choisissait les trois membres du jury de l'Ecole centrale de Lille, à savoir Desma-
zures père, le notaire Lefebvre et Blondela, ancien pro-

(1) Décret du 8 germinal an III. (A. D. Nord, L, Douai, 327, *Extrait
du registre aux délibérations du Comité de l'instruction publique*).

(2) A Lille, les professeurs occupent encore leurs chaires en
frimaire an IV. (A. D. Nord, L, 1443 *ter*, dos. 5, *Lettre du principal
de Lille*, 5 frimaire an IV). A Douai, ils enseignent au moins jusqu'en floréal an IV : le 29 de ce mois, trois d'entre eux réclament
leur traitement de deux trimestres échus, et menacent l'administration départementale de quitter le collège si elle tarde davantage à les payer (A. D. Nord, L, 392, f° 90). Quant au collège de
Bergues, il sert alors, dans ses étages supérieurs, de musée « où
l'on a réuni une collection précieuse de tableaux provenant des
ci-devant maisons religieuses du district de Bergues. » Mais les
bâtiments sont en si mauvais état, les plafonds si défoncés, les
planchers si vieux et si vermoulus, les toits sont tellement percés
à jour qu'il est question de transférer les tableaux « à la ci-devant
abbaye de Saint-Winoc. » (A. D. Nord, L, 1143, sexies, 26 frimaire
an IV). Le collège de Dunkerque servit plus tard de local à l'école
de navigation. (A. D. Nord, L, 295, f° 49, *Lettre du direct. départ.
à la municip. de Dunkerque*, 7 vendémiaire an VIII).

fessour, et les chargeait de « procéder à l'examen et à la
nomination des professeurs de l'Ecole (1). » Il décidait en
même temps que cette dernière serait placée « dans la
maison des ci-devant Récollets de Lille (2). » Le district
était mis en demeure d'établir un « devis estimatif des
réparations et changements à faire dans cette maison (3). »
Dès le 16 floréal, les travaux commencèrent pour l'aménagement du jardin botanique, de la bibliothèque, et de la
collection des tableaux et des modèles (4), mais le couvent
était encombré d'effets militaires, il fallut attendre que
le citoyen Ollivier, commissaire des guerres, les ait fait
transporter dans d'autres maisons religieuses aban-
données (5).

A Cambrai, le jury central d'instruction fut composé
d'un bibliothécaire, nommé Bracq, d'un homme de loi,
Maudoux, et d'un administrateur de district, Aubert
Marchand, ancien professeur du collège ; le local désigné
fut l'ancienne abbaye de Saint-Aubert (6). A Maubeuge,
l'Ecole centrale devait être installée dans le collège
communal ; les membres du jury furent Saint-Martin,
commandant d'artillerie ; Delpature, juge de paix, et Bar-
thélémy, chirurgien-major de l'hôpital militaire (7).

(1) A. D. Nord, L, Lille, 212; L, 1038, dos. 3, *Lettre de Jard-Pancilliers*, 6 prairial an III.

(2) *Ibid.*

(3) *Ibid.* ; L, 292, f° 268, *Lettre du direct. départ. au district de Lille*,
9 prairial an III.

(4) L, Lille, 212, *Lettre du district de Lille au citoyen Ollivier,
commissaire ordonnateur de la première division*, 16 floréal an III.

(5) *Ibid.*

(6) A. D. Nord, L, 1038, dos. 3, *Lettre de Jard-Pancilliers au direct.
départ.*, 11 prairial an III ; L, 292, f° 281, *Lettre du direct. départ.
au district de Cambrai*, 2 messidor an III ; *Lettre aux membres du
jury d'instruction*, même date.

(7) L, 1038, dos. 3, *Lettre de Jard-Pancilliers au direct. départ.*,
11 prairial an III ; *Lettre du direct. départ. au district d'Avesnes*,
2 messidor an III. — Cette dernière lettre se trouve aussi L, 292,
f° 282.

Ces mesures prises par le représentant du peuple avaient
provoqué un certain mécontentement. Depuis le 21 ventôse an III, l'administration départementale avait écrit au
Comité d'instruction publique pour qu'il désignât Douai
comme siège d'une École centrale (1). Elle n'avait pas été
écoutée et on a vu plus haut combien Jard-Panvilliers
s'était peu soucié de lui donner satisfaction. Le 9 messidor
an III, elle fit parvenir à la Convention une adresse pour
obtenir une autre distribution des écoles. Elle représenta
que le département s'étendait sur une grande longueur et
qu'il était nécessaire d'y placer une école à chaque bout,
à Maubeuge et à Cassel, et une troisième au centre, à
Douai (2). A ses yeux, Douai devait être préféré à Lille.
Ancienne ville universitaire, chef-lieu et point central du
département, on y trouvait de multiples avantages : des
bâtiments spacieux tout prêts à être occupés, une bibliothèque de 80.000 volumes, un cabinet d'histoire naturelle, un autre de physique, un observatoire, un jardin
botanique, un musée, des citoyens « très instruits, capables, par leurs talents, leurs connaissances et leur zèle,
d'enseigner aux jeunes gens les sciences et les arts auxquels
sont destinées les Écoles centrales. » Au surplus, Douai
était merveilleusement une ville d'études, l'air qu'on y
respirait était pur et sain, les « alentours très champê-
tres », la population peu nombreuse. Qu'offrait Lille, en
comparaison de ces avantages ? Rien autre « que les dis-
sipations d'une ville trop bruyante et trop populeuse et...
la trop grande population est ordinairement dissolue. »
Désigner Douai, c'était donc travailler au bien de la République qui réaliserait ainsi de grosses économies, et au
bien des élèves qui pourraient jouir « des secours néces-

(1) A. D. Nord, L, 292, f° 248.
(2) L, 1039, dos. 1.

saires aux sciences et du recueillement sans lequel l'esprit
ne fait aucun progrès » ; ce serait aussi rendre service à
la cité qui avait perdu son Université, son Parlement, et
dont les habitants « se trouvent réduits à un point qui
tend à la dépopulation (1). »

Cette réclamation n'aboutit pas plus que les autres. Les
travaux d'aménagement se poursuivent à Lille, à Cambrai, à Maubeuge, et les trois jurys d'instruction s'efforcent déjà de recruter le personnel des futures Ecoles
centrales. Jard-Panvillier a recommandé de ne faire
appel qu'à « des citoyens véritablement recommandables
par leur moralité, leur patriotisme et leurs lumières (2). »
Les professeurs désignés doivent être approuvés par lui,
et, de lui, recevoir leur commission.

Le jury central de Lille, craignant qu'il lui soit difficile
de trouver des professeurs capables, imagine de faire
placarder des affiches « pour informer les citoyens qui se
dévouent à l'éducation... et les engager à venir offrir
leurs lumières et leurs talents (3). » De suite il en avait
réuni quatre : Guffroy, ancien professeur prêtre au
collège de Lille, pour la grammaire générale ; Saladin, le
professeur de Douai, pour les mathématiques ; Taranget,
de Douai, pour l'hygiène, et Watteau père, de Lille,
pour le dessin (2 messidor) (4). Quelques jours plus tard,
il en trouve un cinquième, le citoyen Blondela, membre

(1) L, 1039, dos. 1.

(2) L, Lille, 212, *Arrêté du représentant du peuple,* 6 prairial
an III.

(3) A. D. Nord, L, 1038, dos. 3, *Lettre du direct. départ*, 3 messidor an III.

(4) L, 1038, dos. 3, *Extrait du registre aux délibérations du jury
central d'instruction,* 2 messidor an III.— Cf. LECLAIR, *L'Ecole centrale de Lille,* p. 6.

du jury central d'instruction, qui, sur les instances de ses collègues, accepte la chaire des belles-lettres (1).

Il fallait quatorze professeurs : le jury central de Lille n'eut pas le temps de recruter les autres : ceux de Cambrai et de Maubeuge, qui avaient été moins vite en besogne, furent arrêtés dans leurs travaux avant d'avoir désigné aucun candidat. Un nouveau décret, le 9 messidor, fit en effet suspendre tous les préparatifs commencés pour l'établissement des Ecoles centrales. Peu après, la Convention terminait ses travaux ; la mission du représentant du peuple était terminée et la loi du 3 brumaire an IV (25 octobre 1795) venait modifier sensiblement les dispositions du décret du 7 ventôse an III. Elle supprimait les deux écoles de Lille et de Cambrai et ne conservait que celle de Maubeuge. Le département du Nord, qui comptait alors près d'un million d'habitants, n'avait plus qu'un seul établissement d'enseignement secondaire.

En supprimant deux écoles, pour ne conserver que celle de Maubeuge, si éloignée du centre du département, la Convention avait voulu sans doute épargner à la République de très grosses dépenses : « Il n'y a pas de réparations à faire à votre collège pour le mettre en état d'Ecole centrale (2) », écrit à la municipalité de Maubeuge le directoire départemental. Mais il n'en manifeste pas moins sa mauvaise humeur contre cette mesure qui lèse si profondément les intérêts intellectuels des habitants. Le 18 frimaire, il adresse à Paris une réclamation en faveur de Douai (3) ; il en envoie une

(1) L, 1038, dos. 3. *Rapport du jury central d'instruction,* 7 messidor an III.

(2) A. D. Nord, L, 293, f° 53 v.; *Lettre,* 6 germinal an IV.

(3) L, 293, f° 21, *Lettre au citoyen Lagarde, secrétaire général du directoire exécutif,* 18 frimaire an IV.

seconde le 21 nivôse (1), et reçoit, le lendemain, une pétition des habitants de Valenciennes qui revendiquent l'école pour leur cité (2). En attendant, il s'abstient, durant plusieurs mois, de prendre aucune décision. Le 12 ventôse, seulement, il avertit la municipalité de Maubeuge qu'elle doit procéder à un devis estimatif des travaux nécessaires à la transformation du collège (3). Elle lui répond que tout est prêt depuis longtemps (4) : il nomme alors un jury d'instruction : Saladin, Taranget, Thomassin (5). Sur ces entrefaites, le ministre se plaint aux administrateurs du département de la lenteur qu'ils apportent à l'exécution de la loi du 3 brumaire :

J'ignore, dit-il, quelle peut être la cause du silence que vous avez gardé jusqu'ici. . J'ai lieu de croire que vous ne vous êtes pas encore occupé de cette partie si importante de votre administration. Vous aviez d'autant plus de facilité pour mettre votre école en activité que déjà il y avait un jury nommé et des professeurs choisis et confirmés par l'administration départementale... Je vous invite à faire usage des moyens que vous avez à votre disposition. Il est temps et plus que temps de remplir le vœu de la loi (6).

Il est vrai, répondent-ils, que nous avons un peu tardé à mettre en exécution la loi du 3 brumaire.. , mais les difficultés que nous avons éprouvées..., en outre l'espérance que nous avions conçue de voir l'école plus rapprochée du centre du département, nous avaient déterminés à attendre le résultat de nos représentations.

Ils font observer en même temps que les jurys nommés

(1) L, 1038, dos. 3, *Réclamation du direct. départ.*, 21 nivôse an IV.

(2) L, 392, f° 66; Arch. comm. de Valenciennes, K3, dos. 2, cop. authent. sans date.

(3) A. D. Nord, L, 1038, dos. 3; L, 293, f° 48 r.

(4) L, 1038, dos, 3; L, 293, f° 53 v.

(5) L, 1038, dos, 3, *Arrêté du direct. départ.*, 6 germinal an IV.

(6) L, 1038, dos. 3 ; L, 293, f° 58 v.-59, *Lettre de Bénezech, ministre de l'Intérieur*, 15 germinal an IV.

de Lille et de Cambrai « avaient choisi des professeurs qui n'ont pas été confirmés... attendu que la loi du 7 ventôse a été rapportée trop tôt pour cela », et que ne pouvant donner la préférence à un jury sur les deux autres, ils en ont nommé un nouveau. « Vous verrez, ajoutent-ils, que l'Ecole centrale de Maubeuge sera en activité dans très peu de temps (1). »

En effet, sitôt nommés, les trois membres du nouveau jury font annoncer que l'examen prescrit par la loi (2) pour l'admission des candidats, commencera le 11 floréal à Douai, et déclarent qu'ils se feront « un devoir d'accueillir avec distinction les citoyens dont l'examen est déjà tout fait, que l'estime publique précède et qui ont fait preuve de talent par des ouvrages utiles ou par des succès marqués dans la carrière de l'enseignement. » Quant à ceux « dont la réputation ne peut être faite », ils devront « justifier avant tout une conduite républicaine irréprochable (3). »

Et pourtant, malgré ces préparatifs, l'Ecole centrale de Maubeuge ne devait pas ouvrir ses portes. L'arrêt qui avait préféré Maubeuge à Lille avait été, dit Dieudonné, « arraché par quelques sollicitations importunes, et ne pouvait recevoir son exécution : il était ridicule de placer un établissement d'instruction destiné à un département dans une petite ville située à l'extrémité de ce département (4). » Lille protestait d'ailleurs toujours véhémentement. Maire et officiers municipaux s'étaient déjà adressés au corps législatif. « Ce serait une barbarie digne de Robespierre, avaient-ils dit, que de reléguer les jeunes

(1) L, 1038, dos. 3, *Lettre du direct. départ.*, 23 germinal an IV.

(2) Titre 2, art. 5.

(3) A. D. Nord, L, 1038, dos. 3; L, 155, dos. 3, *Actes du jury d'instruction.* 21 germinal an IV.

(4) Cf. Dieudonné, *op. cit.*, t. III, p. 150.

9

gens dans la partie la plus excentrique du département
pour y suivre les cours d'instruction. » Maubeuge n'est
pas un centre, Lille en est un ; Maubeuge n'a rien qui
puisse servir à l'enseignement, Lille a une salle de
dessin, un collège national, une bibliothèque publique,
un jardin botanique. Lille a bien mérité de la patrie
« lors du bombardement et à l'époque de la trahison de
Dumouriez (1). »

La municipalité lilloise revint encore à la charge, en
floréal an IV, avec un long mémoire où elle exposait les
raisons qui militaient en faveur du transport de l'école
dans ses murs (2). Aux Cinq-Cents, le 4 prairial an IV
(23 mai 1796), ses droits étaient défendus par le député
Villars ; aux Anciens, les représentants du Nord, notamment Mathieu Depère, appuyaient sa demande (3).
D'autre part, le jury d'instruction de Maubeuge ne trouvait pas de candidats aux chaires de son école (4). En
présence de ces difficultés du recrutement à Maubeuge,
des multiples avantages que présenterait l'établissement
à Lille de l'Ecole centrale, les Anciens n'hésitèrent pas
longtemps : le 8 prairial, ils décrétèrent le transfert à
Lille de l'Ecole centrale de Maubeuge.

Ainsi, huit mois ont été perdus en tergiversations, mais
le décret du 8 prairial satisfait une grande partie du
département et rend peut-être aux villes de Douai et de
Valenciennes moins pénible leur éviction. Le jury central
d'instruction lui-même augure bien de ce changement
« avantageux tout à la fois aux professeurs et aux élèves. »
Il espère « que les places honorables de professeurs seront

(1) Cf. Leclair, op. cit., p. 6-7.
(2) Ibid., p. 8.
(3) Ibid., p. 9.
(4) A. D. Nord, L, 1038, dos. 2, Avis du jury d'instruction de Maubeuge, sans date.

recherchées, comme elles méritent de l'être (1) », que, cette fois, il trouvera des candidats, et, par voie d'affiches, il annonce un nouveau concours.

Le concours eut-il lieu, en messidor, à Douai, comme il avait été annoncé? Nous n'en savons rien. La municipalité de Lille avait déclaré au jury qu'elle craignait de voir les hommes de mérite reculer devant l'épreuve du concours, et lui avait demandé de rappeler les quatre « hommes à talents » désignés immédiatement après le décret du 7 ventôse (2). Il répondit à la municipalité qu'il était « très décidé à accueillir, à prévenir même le talent modeste et reconnu, à lui offrir l'occasion et les moyens de consoler les connaissances humaines du long deuil qu'elles avaient porté (3). » Et, en effet, deux anciens professeurs reparurent, Guffroy aux belles-lettres et Watteau au dessin (4) ; les deux autres, Saladin et Taranget faisaient partie du jury central d'instruction. L'ancien principal de Douai, Dondeau, qui avait posé sa candidature le 24 prairial, fut nommé professeur de législation, le 5 fructidor (5), deux jours après un certain Vanbavière qui avait postulé la chaire d'histoire (6). Le 11 fructidor, un professeur de Bergues, Waeles, sollicita la chaire des langues anciennes et fut accepté (7). Dans la suite d'autres professeurs se présentèrent, et le corps enseignant fut au complet, au mois de thermidor. L'histoire naturelle fut confiée à Lestiboudois, les mathé-

(1) L., 1038, dos. 2, *Avis du jury d'instruction de Maubeuge*, sans date.

(2) Cf. LECLAIR, *op. cit.*, p. 9-10.

(3) 14 messidor an IV, cf. LECLAIR, *op. cit.*, p. 10, p. 15-46.

(4) A. D. Nord, L., 293, f° 136 v.

(5) L., 392, f° 95, f° 109-110.

(6) *Ibid.*, f° 110.

(7) *Ibid.*, f° 111 v.

matiques à Oberlin, la grammaire générale à Girard-Janin, et la bibliothèque à Corbet (1).

Les professeurs étaient donc prêts, mais l'Ecole ne l'était pas. La maison des Récollets n'avait pas encore été transformée ; d'importants travaux étaient nécessaires pour la rendre convenable à sa destination ; « la différence est sensible, écrivait le directoire départemental, de l'air sombre d'une maison claustrale avec l'air de gaieté et d'aisance que doit avoir une maison d'éducation dans un gouvernement libre (2). » Il avait présumé que les cours pourraient être commencés le 1er vendémiaire an V (3) ; puis la date de l'inauguration avait été reportée au 15 brumaire et le professeur Dondeau avait été invité à prononcer « un discours analogue à cette circonstance (4). » Le jury d'instruction avait déjà élaboré le règlement de l'école (5). Enfin, le 22 frimaire, les travaux d'installation étant assez avancés, la municipalité avertit le directoire départemental que l'établissement pourrait entrer en activité le 10 nivôse (30 décembre 1796) (6).

Près de deux ans s'étaient écoulés depuis que la Convention avait décrété l'établissement dans le Nord, de trois

(1) L., 293, f° 136 v.,' Lettre du direct. départ. au Ministre de l'Intérieur, 20 ventôse an V. — Cf. LECLAIR, op. cit., p. 10.

(2) L., Lille, 211, Brouillon de rapport du quatrième bureau.

(3) Ibid., Lettre de Waeles, 18 frimaire an V.

(4) Ibid., Lettre de Dondeau à la municipalité de Lille, 3 vendémiaire an V.

(5) Ibid., Lettre du jury d'instruction à la municipalité de Lille, 16 brumaire an V.

(6) Ibid., L., 293, f° 136 v., Lettre du direct. départ. au Ministre de l'Intérieur, 20 ventôse an V. — Dieudonné est donc dans l'erreur quand il écrit, (op. cit., t. III, p. 150) que l'Ecole centrale de Lille ouvrit ses portes le 1er nivôse. Le procès-verbal d'installation des professeurs ne fut signé que le 25 nivôse (L, 392, f° 163).

Ecoles centrales, et la loi du 3 brumaire était promulguée depuis quinze mois !

L'article 10 du titre II de cette loi du 3 brumaire était ainsi conçu :

Les communes qui possédaient des établissements d'instruction connus sous le nom de collèges, et dans lesquels il ne sera pas placé d'Ecole centrale, pourront conserver les locaux qui étaient affectés aux dits collèges, pour y organiser, à leurs frais, des Ecoles centrales supplémentaires.

Plusieurs cités du Nord, tentent donc d'obtenir du gouvernement l'autorisation d'ouvrir, dans les bâtiments abandonnés de leur ancien collège, une Ecole centrale supplémentaire. Comme il est vraisemblable que la Flandre aura un établissement de ce genre, la vieille rivalité de Bergues et de Dunkerque se réveille, chacune des deux villes voulant se faire préférer à l'autre. Le 10 vendémiaire an IV, avant même la loi scolaire, Bergues avait envoyé au Ministre de l'Intérieur un mémoire pour expliquer que son collège et ses deux séminaires inoccupés conviendraient parfaitement à un établissement d'enseignement secondaire (1). La municipalité insiste encore le 23 germinal (2). Les Dunkerquois font une pétition le 5 prairial (3), une autre le 13 du même mois (4), une troisième le 21 (5), une quatrième le 14 messidor (6). Mais les Berguois, le 17 fructidor, font observer qu'à Dunkerque le prix des pensions

(1) A. D. Nord, L., 293, f° 91 r.
(2) L., 392, f° 85.
(3) L., 1038. dos. 3.
(4) Ibid.
(5) L., 392, f° 93.
(6) L., 1038, dos. 3.

scolaires est beaucoup trop élevé, que leurs rivaux doivent se contenter de leurs avantages commerciaux, et mènent une vie beaucoup trop bruyante pour les études (1). Pour obtenir une école supplémentaire, Bailleul envoie aussi quatre pétitions au département, le 6 nivôse an IV (2), le 28 prairial (3), le 1er messidor (4) et le 13 nivôse an V (5). Cette dernière mentionnait que l' « utilité de cet établissement augmenterait en raison du besoin qu'ont les Flamands de devenir Français, métamorphose qui ne peut s'opérer qu'en leur donnant la facilité de s'instruire des sciences qui apprennent à raisonner. » A l'autre extrémité du département, la ville du Cateau sollicite aussi la permission d'installer une école à ses frais (11 floréal an IV) (6).

Aucune de ces quatre villes ne fut satisfaite. L'administration départementale qui avait transmis leurs pétitions au Ministre de l'Intérieur leur fit parvenir les réponses négatives de ce dernier. Il disait à propos de Bergues :

La pétition de cette commune, l'amour de ses habitants pour les sciences et les arts me paraissent, ainsi qu'à vous, des titres qui doivent fixer en sa faveur l'attention du corps législatif et du gouvernement. Mais ce ne sera qu'après l'organisation définitive des Ecoles primaires et centrales que je présenterai au directoire exécutif les diverses demandes du genre de la vôtre. Tous les moyens d'exécution et tous les soins du gouvernement doivent être consacrés d'abord pour ces premiers établissements (26 floréal an IV) (7).

(1) L, 1033, dos. 3.
(2) L, 392, f° 159.
(3) L, 1038, dos. 3.
(4) L, 392, f° 98.
(5) L, 1038, dos. 3.
(6) Ibid.
(7) Ibid.

Et à propos de Dunkerque :

Je suis persuadé ainsi que vous que cette commune par sa population et ses relations commerciales mérite de jouir de cet avantage, mais il m'est impossible de suivre cet objet avant l'organisation définitive de toutes les Écoles centrales décrétées par la loi du 3 brumaire dernier, le Conseil des Cinq-Cents ayant ajourné indéfiniment les demandes de ce genre (7 thermidor an IV) (1).

Il n'y eut donc dans le Nord aucune autre Ecole centrale que celle de Lille (2).

(1) L, 1039, dos. 3.

(2) La réponse du ministre ne découragea pas la ville de Bergues. Elle recommença à pétitionner le 19 vendémiaire an V *(ibid.)* ; le 13 messidor an VI, elle fit opposition à l'aliénation de son collège mis en vente par le département, car elle le conservait encore pour y établir une Ecole centrale supplémentaire. Le Ministre de l'Intérieur lui donna raison et lui permit d'ouvrir à ses frais son école *(ibid.)*. Elle devait envoyer les plans du vieux collège et elle les envoya le 8 vendémiaire an VII *(ibid.)* mais le Ministre fit observer que ce plan ne donnait « point de renseignements assez clairs » (ibid., 14 messidor an VII). Le temps se passa en ces pourparlers, et l'École ne fut jamais ouverte.

CHAPITRE V

L'ÉCOLE CENTRALE DE LILLE
(10 NIVOSE AN V-10 FLORÉAL 'AN X)

Les Ecoles centrales. — Le personnel enseignant de l'Ecole centrale de
Lille. — L'enseignement : dessin, histoire naturelle, langues anciennes,
mathématiques, physique, chimie, grammaire générale, belles-lettres ;
bibliothèque.

L'Ecole centrale de Lille fut organisée conformément
à la loi du 3 brumaire an IV. Elle distribua un enseignement divisé en trois sections superposées : la première,
pour les enfants âgés de douze ans au moins, comprenait
le dessin, l'histoire naturelle, les langues anciennes et
les langues vivantes ; la seconde, dans laquelle n'étaient
admis que les jeunes gens de quatorze ans, les mathématiques, la physique et la chimie expérimentales ; dans la
troisième, les élèves qui avaient atteint leur seizième
année, apprenaient la grammaire générale, les belles-
lettres, l'histoire et la législation (titre II, art. 2). A cette
école furent annexés une bibliothèque publique, un
jardin botanique, un cabinet d'histoire naturelle et un
cabinet de physique et de chimie (art. 4). Dans l'ancien
couvent des Récollets, quatre salles, numérotées de 1 à 4,
servirent de classes. La salle n° 1 fut désignée pour la
grammaire générale, les langues vivantes, les langues
anciennes et les belles-lettres ; la salle n° 2 fut affectée à
l'enseignement de la méthode des sciences ou logique, de
l'histoire, de la législation ; la salle n° 3 aux mathéma-

tiques, à l'histoire naturelle, à la physique et à la chimie ;
la quatrième salle servit de local aux professeurs
d'hygiène, d'agriculture, des arts-et-métiers et de
dessin (1). Chacun des dix professeurs, pour deux heures
de cours par jour, touchait un traitement égal à celui
d'un administrateur de département, soit 3.000 francs (2).
A ce traitement pouvait être ajouté un supplément
éventuel consistant en une rétribution de vingt-cinq
livres payée par chaque élève (art. 7).

Quel fut le personnel enseignant ? Comment l'Écol
centrale de Lille, réalisant le plan d'éducation nationale
imaginé par la Convention, a distribué un enseignement
vraiment conforme aux théories du XVIIIᵉ siècle, voilà
ce que nous voulons exposer dans ce chapitre (3).

A coup sûr, se retrouvent, dans le personnel, des hommes de valeur, vraiment préparés à leur tâche. Watteau,
le professeur de dessin, est un peintre de talent à qui la
municipalité a confié déjà le soin de commémorer, par
un grand tableau, le souvenir du siè, e Lille, en
1702 (4). Lestiboudois qui enseigne les ciences naturelles, est un botaniste réputé, auteur de la *Botanographie-Belgique* (5). En mathématiques, Oberlin céda

(1) A. D. Nord, L., Douai, 327, dos. 10, *Extrait du registre du Comité d'instruction publique*, 18 ventôse an III.

(2) Arch. nat., F¹⁷, 1311, *État des traitements des professeurs de Lille*, vendémiaire an X. — LECLAIR, *op. cit.*, p. 59 à 62.

(3) AULARD, *Napoléon Iᵉʳ et le monopole universitaire*. Paris, 1910, in-8', p. 19

(4) A. D. Nord, L., 1038, dos. 3. —Il mourut en l'an VI, et fut remplacé par son fils, qui reçut sa commission de professeur le 25
fructidor (L, Lille, 212).

(5) Cf. LECLAIR, *op. cit.*, p. 118-119. — En l'an VII, il publia encore
pour ses élèves, un *Abrégé élémentaire de l'histoire naturelle des
animaux*, et reçut, à cette occasion, les félicitations du directoire
départemental. (A. D. Nord, L., 291, fᵒ 183 r.). Son fils lui fut adjoint
en l'an VI (Cf. LECLAIR, *op. cit*, p. 72).

bien vite sa place à Ducroc, ancien professeur de
mathématiques à Valenciennes (1). Dondeau, qui occupe
la chaire de législation, a été principal à Douai et a fourni
déjà une carrière administrative (2) ; Waeles, professeur
de langues anciennes, a enseigné à Bergues, et Guffroy-
Vangholle, prêtre défroqué, titulaire de la chaire des
belles-lettres, a professé la rhétorique à Lille, avant et
depuis 1789. Girard-Janin, Duriez, Vanbavière, chargés
respectivement de la grammaire générale, de la physique
et de la chimie, et de l'histoire, sont des inconnus pour
nous, le bibliothécaire Corbet est un artiste sculpteur (3).

L'enseignement qu'ils distribuent est gratuit, en principe ; leurs élèves ne sont tenus qu'à une rétribution
scolaire annuelle de 25 livres, mais comme l'école est un
simple externat, ils doivent pourvoir eux-mêmes à leur
subsistance (4). Un quart d'entre eux, pour cause d'indi-

(1) Cf. LECLAIR, op. cit., p. 60 ; A. D. Nord, L., 279, f° 47, Lettre du
direct. départ. à Ducroc, 15 messidor an V.

(2) Il avait été directeur-chef de la seconde division à la préfec-
ture de police (L., 392, f° 95, f° 109-110).

(3) Il fut souvent en congé à Paris. Il y était en l'an V, car, le
5 thermidor, il sollicita une prolongation de vacances « pour terminer ses affaires » (L., 395, f° 41); il y était encore en l'an VIII.
Peut être fut-il alors question de lui donner un successeur, car,
de Paris, Corbet demanda au directoire départemental « à être
conservé dans sa place de bibliothécaire de l'Ecole centrale de
Lille, vu que son séjour à Paris a été retardé par les circonstances et qu'il est chargé actuellement de finir le buste en marbre
de grandeur naturelle du général Bonaparte. » (L., 396, f° 59, Lettre
de Corbet au direct. départ., 2 frimaire an VIII). Il fut suppléé, pendant ses longues absences par Desmazières, ancien prêtre assermenté, ancien professeur de quatrième au collège national de
Lille (ibid., f° 94). Le 26 brumaire an IX, c'est Saladin qui devint
bibliothécaire en place de Corbet (ibid., f° 92). Il était l'auteur d'un
manuel intitulé Eléments de grammaire française à l'usage des
élèves et des instituteurs (Arch. comm. de Douai, K°, carton 1,
dos. 3, Extrait de la séance du jury d'instruction pour l'Ecole centrale, 5° jour complémentaire an V).

(4) Contamine, ex-principal de Maubeuge, commissaire du directoire exécutif près l'administration municipale de Maubeuge,
avait demandé au directoire départemental de faire entrer gra-

gence, peut être exempté par l'administration départementale du paiement de cette rétribution (1). Tous les
écoliers suivent les cours qu'ils veulent, pourvu qu'ils
réalisent les conditions d'âge requises par la loi : pour
chacune des leçons auxquelles ils veulent assister, ils se
font inscrire chez les différents professeurs (2). Il n'existe
aucun examen d'entrée et de sortie.

L'année scolaire s'ouvre le 20 octobre. Ce jour-là, tous
les élèves sont réunis dans une grande salle en présence
des autorités constituées et les professeurs annoncent
« soit par l'organe de l'un ou de plusieurs d'entre eux
parlant au nom de tous, soit par des discours particuliers
prononcés par chacun, quels cours vont être commencés
ou continués, quels objets ils se proposent de traiter »,
et ils font appel au courage et à la bonne volonté de leurs
disciples (3).

L'ordre des études, tracé par le règlement, consiste en
dix cours différents qui sont groupés en trois sections.
La première section comprend le dessin, l'histoire naturelle et les langues anciennes.

Selon les idées de Condillac et de l'école sensualiste
qui préconisent le perfectionnement des sens, le dessin
est donc la base de tout l'enseignement, car il accoutume
les yeux à saisir fortement les traits de la nature, il est
la géométrie des yeux comme la musique celle de l'oreille.

tuitement à l'école le jeune Alexis Choquet, dix-sept ans, orphelin
à l'hospice de Maubeuge, qui avait « bonne conduite, bonne main
et des principes. » Il lui fut répondu que ce jeune homme pouvait
être accepté, mais que sa pension devait être payée par la municipalité de Maubeuge, dans un hospice de Lille. (A. D. Nord,
L., 1840, Lettre du direct. départ., 23 thermidor an VI).

(1) Loi du 3 brumaire an IV, titre II, art. 8. — Règlement de
l'École centrale de Lille, 18 décembre 1796. V. LECLAIR, op. cit., p. 51.

(2) Règlement de l'École. V. LECLAIR, op. cit., p. 53 54.

(3) Ibid., p. 55.

Le département a réuni à l'école une collection de peintures, de sculptures, de gravures et de médailles, pour servir de modèles aux écoliers (1). Tous les ans, les dessins de ces derniers sont exposés dans la salle des fêtes de l'école. En l'an V, le sujet de composition pour le premier prix est extrait de l'histoire romaine : Marius assis sur les ruines de Carthage, regarde le licteur lui apportant l'ordre du préteur de sortir de son gouvernement, et lui répond : « Va-t-en dire à ton maître que tu as vu Marius assis sur les ruines de Carthage (2) »; en l'an VI, c'est la glorification du courage de Bonaparte entraînant ses grenadiers au pont d'Arcole (3) ; en l'an VIII, c'est la mort héroïque de Desaix à Marengo (4).

A l'égal du dessin, l'histoire naturelle est en honneur à l'Ecole centrale. C'est une science neuve qui, avec Buffon et Daubenton, avec Linné, a fait, au cours du siècle des progrès considérables. Le savant Lestiboudois, particulièrement familiarisé avec la botanique de Linné, ne néglige rien pour y intéresser ses élèves. En l'an V, il leur enseigne l'anatomie végétale et la classification des plantes (5); en l'an VI, la cryptogamie et la zoolo-

(1) Le 18 pluviôse an VIII, le directoire départemental, ayant appris qu'il existait dans le grenier des bâtiments de la bibliothèque de Valenciennes deux tableaux de Rubens, invita la municipalité à les envoyer à l'Ecole centrale de Lille, en même temps que « tous les objets précieux qu'elle trouvera dans ses dépôts. » (A. D. Nord, 1., 295, f° 96).

(2) A. D. Nord, I., 1038, dos. 2.

(3) *Ibid.*

(4) *Ibid.*

(5) Le programme d'études comportait, « les parties qui organisent les plantes en général et en particulier, telles que la *racine*, organe qui nourrit la plante, sa durée, sa figure, ses divisions, etc ..; le *tronc* ou la tige, ses différentes espèces, telles que le chaume, la hampe, le stipe, etc... ; la *feuille*, pétiole, pédoncule, vrille, stipules, brachées, épines, aiguillons, poils : le tout conformément aux principes de la *Botanographie-Belgique*, calquée sur la philosophie botanique du célèbre Linné. » Il enseigna en outre

gie (1) ; en l'an VIII, la minéralogie (2). Il s'efforce
d'enrichir le jardin botanique de l'école (3) ; des plantes
qu'il cultive, il fait, chaque année, une distribution aux
botanistes du département (4) et il prie le directoire
départemental d'intervenir auprès du Ministre de l'Intérieur pour obtenir du Muséum d'histoire naturelle de
Paris une collection de minéraux (5).

Avec ces deux enseignements nouveaux du dessin et
de l'histoire naturelle, celui des langues anciennes a sa
place à l'Ecole centrale. Mais la méthode, parait-il, est
nouvelle : c'est du moins ce qu'affirme pompeusement le
professeur Waelos :

Il enseigne les éléments des langues grecque et latine en
les mettant à la portée de ceux-là même qui n'en ont pas
commencé l'étude. Une longue expérience dans l'enseignement des langues, des méditations et des essais suivis sur
les différentes méthodes de l'enseignement des langues en
général et de celles-ci en particulier, lui ont fait trouver et
adopter une méthode moins fastidieuse, plus courte, plus
aisée et plus naturelle que toutes celles connues jusqu'à
présent, une méthode dont il a fait usage pendant plusieurs

« les méthodes et les systèmes de classification, en général et en
particulier ; les moyens dont on se sert en botanique pour connaître les plantes... la simplicité de la méthode de la Botanographie-Belgique » (A. D. Nord, L, 1038, dos. 2, *Programme des exercices publics*, 20-30 fructidor an V).

(1) A. D. Nord, L. 155, dos. 4, *Avis à placarder*, an VI.

(2) L, 295, f 59, *Lettre du direct. départ. au Ministre de l'Intérieur*,
4 brumaire an VIII.

(3) Le 2 brumaire an V, il informe le directoire départemental
que « d'après la suppression du jardin des plantes établi à Cambrai, il y a un grand nombre de plantes qui peuvent être utiles à
celui de l'Ecole centrale... ainsi que quelques autres objets
concernant l'histoire naturelle » (L, 392, f 128).

(4) Le 17 messidor an VII, Leroy, de Bailleul, fut compris « dans
le nombre des botanistes auxquels on fait chaque année des dis-
tributions de plantes » (L, 295, f 6v, *Lettre du direct. départ. à
Leroy*).

(5) L, 390, f 51; L, 295, f 59, 69 et 74v.

années avec des succès qui ont répondu à son attente et à
celle du public, méthode enfin au moyen de laquelle il se
flatte de mettre en peu de mois ses élèves en état d'entendre,
d'expliquer et de traduire les auteurs des plus beaux siècles
de Rome et d'Athènes.

Il annonce qu'un cours supérieur sera établi « pour
ceux qui veulent se familiariser avec les Virgile, les
Tacite, les Homère et les Démosthène », et qu'il « ensei-
gnera, par principes et par la voie de la traduction, la
langue hébraïque, s'il se présente des amateurs pour
l'apprendre (1). » En l'an V et en l'an VI, il explique,
en effet, à ses élèves, une partie des Métamorphoses
d'Ovide, deux églogues des Bucoliques, des extraits du
livre IV des Géorgiques, les 160 premiers vers de l'Énéide ;
d'Horace, il fait traduire le poème séculaire et l'éloge de
la vie champêtre ; de Cornelius Nepos, la vie de Thrasy-
bule ; de Phèdre, les dix premières fables du livre premier (2). En l'an VIII, Horace, Virgile, Quinte-Curce,
Phèdre et Cornelius Nepos font encore partie du programme (3). Il exige de ses disciples, outre la traduction
des textes, l'analyse grammaticale et l'analyse logique
des phrases, et les habitue à indiquer, pour les substantifs,
le nominatif, le génitif, le genre et la déclinaison ; pour
les verbes, les trois temps primitifs, présent, prétérit et
supin ; pour les prépositions, leur complément ou régime.
Rien de nouveau dans cette méthode ! En outre, en dépit
de ses promesses, il n'apparaît pas qu'il ait fait goûter,
à ses élèves, les auteurs des plus beaux siècles d'Athènes.
En l'an VI, les textes grecs, avec lesquels il les a mis en
contact, se réduisent à deux : Esope, livre I, les quatre
premières fables ; et Isocrate, discours à Démonique.

(1) L., 155, dos. 3, *Avis à placarder*, an VI.
(2) L., 1038, dos. 2, *Programme des exercices publics*, an V et an VI.
(3) *Ibid.*, an VIII.

Aussi a-t-il soin, le jour de la séance publique d'explication, d'avertir le public que les élèves ne sont pas des
hellénistes ; « le cours de langue grecque n'ayant pas
duré un mois et demi (1). » Quant à l'enseignement de
l'hébreu, on en trouve aucune trace.

Apprendre le dessin, l'histoire naturelle, les langues
anciennes, telle est durant deux années l'occupation des
enfants appartenant à la première section de l'Ecole
centrale. A l'âge de quatorze ans, ils entrent dans la
deuxième et se livrent exclusivement à l'étude des mathématiques, de la physique et de la chimie.

Ducroc enseigne à la fois l'arithmétique, l'algèbre et
la géométrie, et il semble qu'il groupe autour de sa chaire
d'excellents mathématiciens qui apprennent avec lui
l'arithmétique élémentaire et supérieure, « jusque et y
compris les logarithmes et leurs usages. » En algèbre, ils
sont capables de résoudre les équations du premier
degré «à tant d'inconnues qu'on voudra », et aussi celles
du second degré ; ils sont initiés à la démonstration du
binôme de Newton, aux progressions, aux logarithmes ;
en géométrie, ils connaissent les mesures et les propriétés
des lignes, des angles, des triangles et des cercles ; ils
sont versés dans l'étude de la trigonométrie, des sections
coniques, du calcul différentiel et intégral, etc... (2).
L'un d'eux, le jeune Masquilez, de Lille, réussit même à
se faire admettre à l'Ecole Polytechnique après un bril-
lant concours (3)

Autant que les mathématiques, la physique a pris de
l'importance pour les élèves de la deuxième section. Il est
curieux de noter combien — si les connaissances sont

(1) L., 1038, dos. 2, *Programme des exercices publics*, an VI.
(2) *Ibid.*, an VI et an VII.
(3) L., 395, f° 166, *Lettre de Ducroc au direct. départ.*, 21 nivôse
an VII.

surtout théoriques et n'ont pas encore trouvé leurs appli-
cations — le professeur Duriez est au courant des découvertes dues aux savants du XVIII° siècle. En l'an VIII,
il annonce que « des faits nombreux et récents donnant
lieu d'observer un grand nombre d'êtres nouveaux,
inconnus jusqu'à ce jour, il a été nécessaire de leur
donner des noms particuliers pour les désigner plus facilement. . . il en est résulté une langue nouvelle. » Il divise
les fluides élastiques en *gaz vivifiants*, essentiels à la
respiration, à la combustion des corps, comme l'oxygène,
et en *gaz suffocants*, comme le *gaz acide carbonique*.
L'air atmosphérique, dit-il, « a cessé d'être un élément
pour les physiciens modernes : il est composé de deux
fluides élastiques très différents : le premier fait vivre les
animaux et brûler les corps, le second ôte la vie et éteint
les corps embrasés. » On voit quels progrès venaient de
faire la physique et la chimie, grâce à l'application par
les savants des méthodes analytiques. L'étude de l'électricité reste aussi presque entièrement dans le domaine
théorique, mais c'est alors une nouveauté. Pourtant le
programme des écoliers comprend déjà les attractions
électriques, répulsions, communication et propagation du
fluide, inflammations produites par le fluide électrique
qui « est un véritable feu » ; théorie de la bouteille de
Leyde et effet de la commotion électrique d'après Franklin ;
détermination de l'analogie du fluide électrique et du
tonnerre ; moyens de se garantir de la foudre (1). Durant
l'année scolaire de l'an IX, Duriez enseigna la mécanique
statique et insista sur les propriétés des instruments
suivants : levier, poulie, treuil, plan incliné, vis, coin,
roue dentée, cric, vis sans fin, moufle ; l'hydrostatique
(pression et équilibre des fluides homogènes, pesanteur et

_____

(1) L., 1038, dos. 2, *Avis à placarder*, an VIII.

équilibre des fluides dont les densités sont différentes,
pesanteur et équilibre des solides plongés dans les fluides
et pesanteur spécifique des corps); l'hydraulique ou
conduction des eaux, science éminemment utile pour un
pays coupé de canaux comme la Flandre (1).

Le programme de la deuxième section est donc avant
tout scientifique. Celui de la troisième, pour les jeunes
gens de seize à dix-huit ans, comprend la grammaire
générale, les belles-lettres, l'histoire et la législation.

La grammaire générale est aussi une « science nouvel-
lement introduite dans le programme des études. » I.
professeur Girard-Janin, déclare qu'elle doit « régénérer,
remplacer la logique de l'ancien système d'éducation,
d'après les vues de Locke et de Condillac (2). » Après
avoir expliqué la nature de l'analyse et la méthode analy-
tique pour « découvrir l'origine et la génération des
facultés de l'âme », il traite du langage (origine, dévelop-
pements successifs: langage d'action par signes, langage
oral, création des premiers mots qui « débrouillent le
chaos de la nature ») ; puis il analyse le discours
(éléments nécessaires de la proposition grammaticale ;
impossibilité d'avoir des idées sans signes ; méthodes
analytiques des langues) ; la parole (sons, nature et
espèces, modifications ; théories de l'accent, de la quan-
tité : la prosodie) ; l'écriture (origine : hiéroglyphes,
écriture symbolique ou tropique ; écriture alphabétique) (3). Il reprend en l'an X cet exposé, sous une
forme nouvelle et avec plus d'ampleur ; il étudie de
nouveau les éléments de la parole, et l'analyse du discours
(idéologie ; l'analyse d'après Condillac ; les signes ;

(1) I., 1038, dos. 2, *Programme des exercices publics,* an IX.
(2) I., 1031. dos. 2, placard.
(3) I., 4842, *Programme des exercices publics,* an VIII.

10

transformation des signes en idées ; origines du langage, de l'écriture); l'analyse de la proposition (état de la pensée dans l'esprit ; son état dans le discours ; proposition grammaticale, ses éléments, ses espèces ; les éléments de l'oraison, leur nature, leurs différences; système des temps du verbe). Il termine son cours en tirant les « conséquences des analyses précédentes » : les langues sont autant de méthodes analytiques ; elles simplifient nos raisonnements et en rendent l'évidence palpable ; comparaison du langage algébrique avec le langage vulgaire ; application de l'analyse aux propositions tirées de la morale et de la politique ; possibilité de ramener toutes les sciences à la dignité de sciences positives (1). Ce cours de grammaire générale résume toute la philosophie du XVIIIᵉ siècle ; il est manifestement inspiré, Girard-Janin l'affirme d'ailleurs, par Locke et par Condillac: de l'analyse des sensations, de l'éducation des sens procèdent tous les progrès de l'esprit humain, la parole, l'écriture, la grammaire, le discours, les découvertes scientifiques, etc... ; la métaphysique n'existe plus, c'est l'*idéologie* ou théorie des idées qui la remplace ; la morale, la politique deviennent ainsi des sciences positives.

Quant au cours de belles-lettres de Guffroy-Vanghelle, il est destiné surtout à donner aux jeunes gens des notions de rhétorique, d'histoire littéraire, de logique, de critique et d'histoire de l'antiquité. Il comprend les notions préliminaires (étymologie et définition des mots *belles-lettres*, définition et importance du langage, utilité des belles-lettres ; facultés intellectuelles nécessaires pour y réussir; moyens à employer pour y faire des progrès : connaissance exacte des préceptes, lecture réfléchie des modèles, imitation ingénieuse des bons auteurs, travail

(1) L, 4842, *Programme des exercices publics*, an X.

fréquent des compositions, exercice habituel de la
mémoire et de la déclamation ; le goût en littérature) ;
un précis d'histoire de la littérature (première époque,
littérature grecque ; deuxième, littérature romaine ;
troisième, littérature italienne ; quatrième, littérature
française) ; l'étude des quatre branches de la littérature :
rhétorique, poétique, critique, mythologie et antiquités.
— Dans le cours de rhétorique, on relève l'étude des mots,
des phrases, des styles (simple, fleuri, sublime, pathé-
tique), des figures de mots et de pensées, de l'éloquence
(définition, but, utilité ; six espèces d'éloquence, civile,
politique, militaire, académique, judiciaire, ecclésiastique) ; un précis de l'histoire de l'éloquence chez les
Grecs, chez les Romains, chez les Français ; l'exposé des
qualités nécessaires à l'homme éloquent ; des différentes
sortes de discours ; l'analyse du discours (les idées, leur
nature, leur origine, leurs espèces, les pensées ; le raison-
nement dans le discours, ses formes, ses sources). Le
cours de poétique traite de la versification, de la structure,
de l'arrangement et des différentes espèces de vers (1).
Nous n'avons pas retrouvé le détail des cours faits par
Cuffroy-Vanghelle sur les deux autres branches de la
littérature : il eût été intéressant de savoir comment ce
professeur envisageait la critique littéraire et de quelle
façon il appliquait à l'étude des belles-lettres la connaissance, si répandue chez ses contemporains, de la mythologie et des antiquités païennes. On reconnaît pourtant
bien facilement parmi les principes fondamentaux de son
cours ceux de la grammaire générale et de toute la philosophie du XVIIIe siècle : analyse des sens, théorie des
idées, éducation des facultés intellectuelles, etc...

(1) L, 4842, *Programme des exercices publics*, an V, an VIII et
an X, placards.

L'enseignement de l'histoire est nouveau lui aussi.
Pour donner aux professeurs des Écoles centrales la
méthode à suivre, le ministre Quinette leur avait recommandé de s'attacher à « faire connaître d'une façon
générale la succession des évènements chez les peuples
qui ont mérité des historiens. » Ils devaient surtout
« faire observer la marche de l'esprit humain dans les
différents lieux et les différents temps », les causes du
progrès dans les arts, l'organisation sociale et rendre les
élèves capables de pousser plus loin leurs recherches (1).
C'est encore, on le voit, l'application à l'histoire des
doctrines de Locke, de Condillac, du *Contrat social*
de Jean-Jacques Rousseau et de l'*Essai sur les mœurs
et l'esprit des nations*, par Voltaire. Il s'agit pour le
professeur de Lille, Vanbavière, de donner à son enseignement une tournure philosophique et morale, de faire
l'histoire du progrès de l'esprit humain, de la civilisation.
Après avoir exposé les « changements physiques arrivés
à la surface de la terre, la division du genre humain,
en ses races primitives, d'après Linné, l'organisation des
hommes en société, l'établissement des premières lois et
conventions sociales, l'invention des arts et des sciences
qu'un ancien peuple habitant en Tartarie, au centre de
l'Asie, a cultivés plus de quatre mille six cents ans avant
l'ère chrétienne, l'invention de l'écriture, la communauté du culte des astres à tous les anciens peuples, » il
montre la formation, l'histoire, la législation, les institutions, les mœurs des empires et des nations : des
Chinois, des Indiens, des Assyriens, des Babyloniens, des
Perses, des Hébreux, des Phéniciens, des Égyptiens, des
Celtes, des Germains, des Teutons, des Cimbres, des
Gaulois, des Scandinaves ; il développe l'histoire de la

(1) Cf. Duruy, *L'instruction publique et la Révolution*, p. 431.

Grèce jusqu'à la conquête romaine ; les origines de Rome,
les institutions des premiers rois de Rome, l'établissement
de la République, l'organisation du gouvernement consu-
laire ; les luttes intestines ; les différentes conquêtes ;
l'établissement de l'empire, le gouvernement impérial,
etc… jusqu'à la fin de l'Empire romain Occident (1).
Son programme d'histoire moderne commence à l'inva-
sion des Barbares ; il comprend « les divers établissements des Barbares dans le midi de l'Europe » ; l'histoire
des Anglo-Saxons, des Francs ; l'état de l'Europe au
temps de Charlemagne (mœurs, gouvernement, usages,
commerce, sciences, querelles religieuses) ; « ignorance
et superstitions des IXᵉ et Xᵉ siècles », la conquête de
l'Angleterre par les Normands ; la lutte des Papes et des
Empereurs ; l'état de la France sous Philippe-Auguste,
croisades contre les Albigeois, établissement de l'inquisition ; « l'établissement de la Grande Charte en Angleterre ; l'origine des républiques italiennes ; les malheurs
de la France au temps du roi Jean » ; le schisme d'Occident ; les grandes découvertes et les inventions ; massacre de la Saint-Barthélemy, en France, sous Charles IX ;
fin des guerres civiles des Français, sous Henri IV ; la
réforme dans les divers Etats ; « la République des
Hollandais », la révolution d'Angleterre, sous Jacques II ;
la révocation de l'édit de Nantes ; la guerre de succession
d'Autriche et la paix d'Aix-la-Chapelle, en 1748. Vanbavière initie aussi ses élèves à l'histoire moderne des
Etats du Nord, Danemark, Norvège, Suède ; il raconte
l'accroissement de l'Etat prussien, l'abaissement du
royaume de Pologne, les transformations du peuple russe,
sous Pierre-le-Grand (2). Bref, il fait un véritable cours

(1) A. D. Nord, L, 1812, *Programme des exercices publics*, an V et
an X.
(2) *Ibid.*, an VIII, placard.

d'histoire générale qui répond parfaitement aux désirs du ministre Quinette. On peut faire des réserves sur l'esprit qui anime ses leçons et critiquer le soin extrême avec lequel il les choisit. Nous relevons par exemple que, toute l'histoire de France au moyen âge et même dans les temps modernes, jusqu'à la fin du règne de Louis XIV, est passée sous silence, à l'exception de six questions : la première, l'état de la France sous Philippe-Auguste, qui lui fournit l'occasion de parler de la croisade contre les Albigeois et de l'Inquisition ; 2° « les malheurs de la France sous le roi Jean » ; 3° les succès des Français sous Charles VII ; 4° le massacre de la Saint-Barthélemy ; 5° la fin des guerres religieuses et l'édit de Nantes ; 6° la révocation de l'édit de Nantes. Il paraît assurément négliger notre histoire nationale et l'envisager à un point de vue bien étroit. En revanche, il n'omet jamais de signaler les révolutions, la chute des régimes, la naissance des républiques. Mais il faut bien reconnaître aussi que son cours est remarquable par l'ampleur du programme : il sait observer les mœurs, les usages, les lois, le commerce des nations, la succession des peuples ; il ne sépare pas l'histoire de l'Orient de l'histoire de la Grèce et celle-ci de l'histoire de Rome, comme on l'a toujours fait à tort ; il étudie la civilisation des Chinois, des « Indiens », questions encore délaissées aujourd'hui dans l'enseignement secondaire et même dans les Universités. Surtout, il habitue ses disciples à la critique et à la méthode historiques, en indiquant, « sur chaque partie de l'histoire, les auteurs qui en ont le mieux traité (1). » Beaucoup d'écoliers de la fin du XIXᵉ siècle eussent été bien aises d'avoir un professeur aussi savant !

Enfin le cours de législation devait initier les jeunes

(1) L, 155, dos. 3, *Affiche à placarder*, an VI.

gens « aux principes du bonheur social » par la « médita-
tion » des lois promulguées en France depuis 1789. Le
professeur Guisselin-Personne commence par exposer
« les règles immuables de justice qui ont traversé les
siècles » et les « éléments de jurisprudence conformes
aux institutions républicaines. » Il définit donc la *justice*
et le *droit* ; il explique la possession naturelle, la
possession civile, les divers modes d'acquisition, la servi-
tude, les contrats, les cessions, les ventes, les baux, les
sociétés de commerce, les mandats. C'est un véritable
cours de droit usuel et de jurisprudence civile. Mais des
principes de justice et de droit qu'il a conçus, Guisselin-
Personne ne peut en montrer l'application dans les lois de
la République car « l'instabilité de la législation sur cette
partie lui a fait différer de prendre aucune décision à cet
égard », et il préfère attendre que la rédaction d'un
nouveau code « vienne consolider l'édifice national (1). »

Tels sont les renseignements que nous possédons sur le
programme des études à l'Ecole centrale de Lille. Ce
programme, c'est l'expression concrète des aspirations,
de la tournure des esprits à la fin du XVIIIe siècle. Il y
manque le cours de chimie. La municipalité de Lille avait
chargé Dondeau de trouver un professeur à Paris et
Dondeau avait répondu, le 29 frimaire an V, qu'il avait
« déjà parlé à différentes personnes, mais que l'incertitude
où l'on parait être sur la stabilité des Ecoles centrales
dégoûte d'embrasser cette carrière (2). » Il y manque
aussi un cours de langues vivantes. Le jury d'instruction
eût bien désiré l'établir ; il avait annoncé un concours
pour une chaire de langue anglaise, mais nous ne savons

(1) L., 4842, *Programme des exercices publics*, an VIII.
(2) L., Lille, 211, *Lettre à la municipalité de Lille*, 29 frimaire
an V.

si ce concours eut lieu (1). En revanche des leçons
d'architecture furent faites sur la demande des élèves qui
voulaient « s'instruire dans un art aussi beau qu'utile et
pour ainsi dire frère du dessin et des mathématiques (2). »
Même, des cours de dessin et de mathématiques furent
donnés gratuitement aux jeunes ouvriers de bonne
volonté qui venaient, le soir, après leur journée de travail,
s'assooir sur les bancs de l'école (3).

A celle-ci une bibliothèque fut adjointe, ouverte tous
les jours, de neuf à douze et de trois à six heures (4).
Composée en grande partie des volumes enlevés aux, établissements ecclésiastiques et aux maisons des émigrés (5),
elle fut enrichie de donations faites par le Ministre de
l'Intérieur, en l'an VI (6). L'année suivante, le gouvernement fit demander aux élèves la liste des livres qui
manquaient à la bibliothèque et qui leur paraissaient
indispensables à leurs études. Elle fut adressée à Paris (7),

(1) L., 1038, dos. 2, *Avis du jury d'instruction,* sans date.

(2) L., Lille, 211, *Lettre des professeurs à la municipalité,* 11 floréal
an VI. — Le professeur fut Liétard, ancien charpentier *(ibid.).*

(3) L., Lille, 211, 294, f° 74 r, *Lettre du direct. départ. à la municipal. de Lille,* 6 brumaire an VII. — Le chauffage et l'éclairage
des salles étaient payés par la municipalité *(ibid.).*

(4) Cf. LECLAIR, *op. cit.,* p. 55.

(5) A. D. Nord, L, 1038, dos. 3, *Lettre du Ministre de l'Intérieur,*
20 germinal an VII.

(6) L., 279, f° 115, *Lettre du direct. départ. au bibliothécaire de
l'école,* 21 brumaire an VI.

(7) Cette liste fut envoyée le 7 germinal par les professeurs. Elle
était divisée en deux parties. La première comprenait « les livres
essentiels à l'instruction en général. » *Encyclopédie,* édition
complète des *Œuvres de Voltaire, de Rousseau, de Mably, de Dide-
rot, Mélanges de d'Alembert, Recueil des mémoires* publiés annuellement par les trois classes de l'Institut national de France,
Journal des Savants. La seconde, « les livres nécessaires à chaque
leçon en particulier », à savoir :
Pour le dessin : *Traité des peintures,* par DESPILLES, *Observations sur la peinture,* par A. BARDON, *Vie des peintres et sculpteurs,*
par DESCAMPS, *Traité des gravures à l'eau forte, au burin et manière*

mais aucun document no mentionno la réception à l'école des ouvrages réclamés. Pourtant cotte liste est fort inté-rossanto parce qu'elle fait connaître les œuvres qui sont alors les plus demandées par les maîtres ot les élèves, et les tendances de la culture littéraire, scientifique et artis-tique. Les écoliers désirent d'abord des instruments do travail : ils signalent donc l'*Encyclopédie*, comme le

noire, par Abraham BROSSE, *Œuvres de Raphaël* et autres grands maitres de l'Italie, *Œuvres de Poussin* et autres maitres célèbres de l'Ecole française ; *Œuvres de Rubens* et autres grands maitres de l'Ecole flamande.

Pour l'histoire naturelle : Planches de Buffon enluminées, *Œuvres de Lacépede, de Linné, Minéralogie de Valmont, de Bomare, de Valérius.*

Pour les langues anciennes : *Dictionnaire polyglotte*, de CALEPIN, *Vosù etymologicon linguae latinae, Œuvres de Lucrèce, Grammaire latine*, de RADONVILLIERS et celle de VALART, *Introduction à la langue grecque* de GIRAUDEAU, *Grammaire grecque* de GAIL, *Clavis homerica, Œuvres d'Homère, Editions des auteurs grecs classiques,* par AUGER et GAIL, *Bible hébraïque, Grammaire hébraïque,* par GIRAUDEAU.

Pour les mathématiques : *Cours complet* de BOSSUT, *Introduction à l'analyse des infiniments petits*, par EULER, *Géométrie* de LEGENDRE, *Traité de trigonométrie rectiligne,*

Pour la grammaire générale : *Œuvres* de BOINDIN, *Dict. étymologique* de MÉNAGE, *Traité des sons de la langue française...*, par BOUILLIETTE, *Traité de la formation mécanique des langues et des principes physiques de l'étymologie*, par DES BROSSES, *Introduction à la langue latine*, par CHOMPRÉ, *Essais de grammaire*, par DANGEAU, *Grammaire générale et raisonnée* de DUCLOS, *Œuvres complètes* de DUCLOS, *Théorie des sentiments agréables*, par l'évêque de POUILLY, *Eléments de littérature*, par MARMONTEL.

Pour les belles-lettres : *Principes pour la lecture des orateurs et des poètes*, par MALLET, *Dictionnaire de littérature*, par SABATIER, *Eléments de poésie*, par JOANNET, *Poétique* de MARMONTEL, *Essais sur l'histoire des belles-lettres*, par JUVENEL, *Les trois siècles de la littérature française*, par SABATIER, *La France littéraire, Origine et progrès de la poésie*, par YART, *Traduction complète des discours de Cicéron*, par AUGER, *Des orateurs grecs*, par le même.

Pour l'histoire : LISLE DE SABLES, *Histoire des Hommes ;* ANQUETIL, *Abrégé de l'histoire universelle ;* GOGUET, *Origine des lois, des arts et des sciences ;* DUPUIS, *Origine des Cultes ;* GIBBON, *Histoire de la décadence et de la chute de l'Empire romain ;* Adam SMITH, *La richesse des nations;* RAYNAL, *Histoire philosophique ;* PLUTARQUE, *Vie des hommes illustres ;* GOSSELIN, *Géographie des Grecs* (L, 1039, dos. 1).

premier « livre essentiel » ; c'est là, en effet, qu'ils peuvent
trouver les enseignements les plus variés et entrer en
contact avec les opinions des philosophes du XVIII° siècle ; ils indiquent aussi des dictionnaires, des revues, et
parmi celles-ci, le *Recueil des mémoires de l'Institut*,
le *Journal des Savants* et les œuvres des philosophes.
Ils demandent, pour s'initier au dessin et à la peinture,
des traités de peinture, de gravure, des reproductions
des tableaux des écoles italienne, française et flamande ;
pour l'histoire naturelle, des planches et des travaux
d'ensemble ; pour les langues anciennes, des dictionnaires
polyglottes, étymologiques, des éditions d'auteurs classiques ; pour la grammaire générale, des traités sur la
formation mécanique des langues, des grammaires rai-
sonnées des langues latine et française, etc...; pour les
belles-lettres, des ouvrages sur les « principes pour la
lecture des orateurs et des poètes », des histoires de la
littérature, de l'évolution des genres, etc...; pour l'histoire, ils ne veulent que des auteurs qui ont écrit sur
l'évolution des hommes, des lois, des arts, des sciences et
des religions, sur l'histoire économique ou philosophique,
sur l'antiquité grecque et romaine, etc...

On voit que cette bibliographie correspond à l'esprit de
l'enseignement de l'École centrale et quelle compétence
les maîtres possèdent dans leurs sciences respectives.
Non seulement ils instruisent leurs élèves sur une foule
de questions philosophiques, scientifiques, littéraires,
artistiques, économiques, mais ils les rendent capables,
par le choix judicieux des instruments de travail, de
pousser plus loin leurs études.

Les attributions des professeurs ne se bornent pas seulement à faire la classe. Ils sont aussi chargés de l'administration et de la discipline de l'établissement et c'est

pour ce motif, sans doute, qu'ils logent dans les bâtiments (1). Aux termes d'un règlement promulgué en
l'an III (2), ils doivent, chaque trimestre, se réunir en
conseil général, et nommer trois d'entre eux qui consti-
tuent le directoire de l'école (art. 1er et 2). A ce directoire il appartient de prendre toutes les mesures propres
à assurer la discipline, de veiller à la conservation des
dépôts de livres et d'instruments, d'ordonner les dépenses
nécessaires et de correspondre avec le Comité d'instruction publique et le jury central d'instruction (art. 3).
L'école n'a donc ni directeur, ni censeur, ni proviseur, ni économe. C'est aux professeurs que les élèves
écrivent pour être admis à suivre les cours « et demander
l'exemption de la rétribution scolaire (3). » Au surplus,
comme la Convention, hostile à l'idée d'établir un corps
universitaire, n'a institué entre les divers établissements
d'instruction publique aucun rapport de subordination ni
de correspondance administrative (4), c'est le directoire
départemental, auteur du règlement, qui contrôle l'organisation de l'école et la gestion de ses finances (5). Il
délègue cependant la municipalité de Lille pour installer
officiellement les professeurs et régler l'horaire des
cours, afin que les élèves puissent étudier en même temps
plusieurs matières (6), mais veille de très près à l'exécution des ordres qu'il a donnés. En germinal an V, la
municipalité ayant fait imprimer une affiche portant le
détail des différents enseignements, les administrateurs

(1) A. D. Nord, L, Lille, 211, *Lettre des professeurs au direct.
départ.,* 6 brumaire an VII.

(2) A. D. Nord, L, 4810, *Règlement de l'Ecole,* cf. LECLAIR, *op. cit.,*
p. 53-54.

(3) *Ibid.*

(4) Cf. AULARD, *Napoléon Ier et le monopole universitaire,* p. 2.

(5) Cf. LECLAIR, *op. cit. (ibid.).*

(6) *Ibid.,* p. 55.

du département remarquèrent que la leçon de mathématiques qui devait être donnée le matin, était transportée
à trois heures de l'après-midi. Ils ne manquèrent pas
d'exiger qu'elle fût replacée à l'heure indiquée par le
règlement (1).

Eux aussi avaient réglé les congés et les vacances des
écoliers. Le quintidi, le décadi et les jours de fête
nationale, l'école n'ouvrait pas ses portes (2), de même,
pendant tout le mois de vendémiaire et pour une durée
de trente jours à partir du 15 germinal (3). L'année
scolaire commencée le 1er brumaire s'achevait donc avec
le mois de fructidor. La clôture des cours était l'occasion
d'exercices publics qui duraient ordinairement plusieurs
jours, et étaient présidés par un administrateur du
département. En l'an V, le 29 fructidor, les élèves
furent interrogés publiquement et solennellement sur
l'histoire naturelle et les mathématiques ; le 30, sur les
langues anciennes, la grammaire générale, les belles-
lettres et l'histoire. Puis, le professeur Guffroy-Vanghello
fit un discours grandiloquent sur la nécessité de la liberté
républicaine pour l'essor des sciences et des arts. L'administrateur départemental, Dusaultoir, en fit un autre
pour féliciter tout le monde, écoliers, parents, professeurs, et les prix furent distribués aux plus méritants (4).
En l'an VII, c'est le professeur de grammaire générale
Girard-Janin qui les harangua, le 29 thermidor, en présence du même Dusaultoir et de Suchon, commissaire du
directoire exécutif près l'administration municipale de

(1) A. D. Nord, I., 279, f° 13, *Lettre du direct. départ. à la municipalité de Lille*, 17 germina' an V.
(2) Cf. LECLAIR, *op. cit.*, p. 56
(3) *Ibid.*
(4) A. D. Nord, L, 1038, dos. 2. Cf. LECLAIR, *op. cit.*, p. 86-92.

Lille (1). La distribution des prix, en l'an VIII, eut un
éclat particulier parce qu'elle coïncida avec les cérémonies
de l'armement des élèves âgés de seize ans et de l'inscrip-
tion civique des jeunes gens qui avaient atteint leur
vingt-et-unième année (2).

(1) A. D. Nord, *ibid.* Cf. LECLAIR, *op. cit.*, p. 91-99.
(2) Cf. LECLAIR, *ibid.*, p. 100-102.

CHAPITRE VI

L'ÉCOLE CENTRALE DE LILLE
(10 NIVOSE AN V–10 FLORÉAL AN X)
(Suite)

Histoire de l'Ecole : lenteurs dans l'aménagement des locaux ; difficultés du recrutement des professeurs ; traitements payés irrégulièrement ; pénurie d'écoliers; défiance de la population vis-a-vis de l'Ecole ; réclamations de la municipalité contre l'enseignement ; moyens employés pour faire prospérer l'Ecole : établissement d'un pensionnat, politique tracassière du directoire ; discrédit officiel de l'Ecole centrale, dès l'an VIII.

Ni les solennités pompeuses des exercices publics, ni l'étalage fait par les élèves de leurs connaissances scientifiques et littéraires n'empêchent l'Ecole centrale de Lille de se trouver dans une situation difficile : son installation est longtemps imparfaite et son enseignement incomplet, ses professeurs sont mal payés et ses élèves sont peu nombreux.

Après le décret du 8 prairial an IV qui fixe l'Ecole à Lille, l'installation a été précipitée pour regagner le temps perdu en tergiversations. Les cours ont été commencés avant que les bâtiments fussent terminés. Le 13 nivôse an VI, rien n'est achevé encore. La municipalité écrit que « l'humidité des matériaux peut donner des craintes aux parents pour la santé de leurs enfants (1). »

(1) Cf. LECLAIR, op. cit., p. 65, *Rapport de la municipalité sur l'Ecole centrale*, 13 nivôse an VI.

Un an après, les professeurs n'y sont pas encore logés.
Ils vivent, en attendant, dans une maison nationale, située
rue des Buisses, n° 1052, que le maire a mise à leur
disposition ; mais cette maison va être vendue par
l'administration des domaines nationaux, et ils sont à la
veille de se voir expulsés (1). La bibliothèque met aussi
bien longtemps à s'ouvrir : la municipalité en avait
réclamé la propriété le 12 prairial an V et le département l'avait sommée de fournir ses titres qu'elle n'a pas
encore produits le 1er nivôse de l'année suivante (2).
D'autre part, à cette date, les travaux d'installation ne
sont pas finis et les livres, détériorés par l'humidité, ont
été transportés à « la ci-devant académie des arts (3). »
Au jardin botanique, les serres indispensables ne sont
pas construites au 1er frimaire an VII et Lestiboudois se plaint de ne pouvoir préserver ses plantes des
rigueurs de l'hiver (4). L'enseignement lui aussi reste
incomplet : nous avons vu que le cours de chimie et
celui des langues vivantes n'existent pas. La chaire de
législation reste, elle aussi, inoccupée durant plusieurs
années : Dondeau l'a quittée quelques mois après l'ouverture de l'École et ce n'est que le 24 brumaire an VIII
que Guisselin-Personne se présente pour le remplacer (5).

(1) A. D. Nord, L, Lille, 211, *Lettre des professeurs au direct.
départ.*, 6 ventôse an VII.

(2) L., Lille, 211, *Extrait du registre du direct. départ.*, 1er prairial an V ; L, 279, f° 112 v., *Lettre du direct. départ. à la municipalité*, 1er nivôse an VI.

(3) Cf. LECLAIR, *op. cit.*, p. 70, *Rapport de la municipalité sur
l'École centrale*, 13 nivôse an VI.

(4) A. D. Nord, L., 395, f° 152, *Lettre de la municipalité au direct.
départ.*, 18 brumaire an VI ; LECLAIR, *op. cit., ibid.*; A. D. Nord,
L., 294, f° 86 v., *Lettre du direct. départ. au Ministre de l'Intérieur*,
1er frimaire an VII.

(5) L., 295, f° 65 v., *Lettre du direct. départ. au Ministre de l'Intérieur*, 21 brumaire an VIII. Le cours ne commença que le 8 ventôse suivant. (A. D. Nord, L, 1038, dos. 2, *Annonce et programme*

Il faut bien dire que la situation matérielle des professeurs n'est pas très enviable. Leur salaire annuel de 3.000 livres peut naturellement suffire, mais le gouvernement du directoire manque souvent de fonds pour le leur solder. S'ils ont longtemps attendu avant de commencer leurs cours, plus longtemps ils attendent pour recevoir leur traitement. Nommés presque tous en thermidor an V, ils n'ont encore rien touché en ventôse an VI. Le directoire départemental se fait, auprès du Ministre de l'Intérieur, l'écho de leurs plaintes :

> Ces professeurs, dit-il, nous ont déjà écrit plusieurs fois pour être payés au moins de quelques mois de leurs appointements. Les savants n'ont pas le défaut d'être riches ; ils exposent que la plupart d'entre eux, afin de se rendre utiles à la jeunesse dont l'instruction est depuis si longtemps négligée, ont quitté des places lucratives et se sont épuisés par les frais d'un déménagement et d'un nouvel établissement. Nous sentons combien ces réclamations sont justes, et, leur traitement annuel étant de 3.000 livres, une somme de 6.000 livres suffirait pour le premier trimestre. Mais, citoyen ministre, nous ne possédons aucun crédit pour cet objet et nous nous voyons dans la nécessité de refuser un juste salaire à des personnes méritantes... (1).

Les mois se passent, et les professeurs continuent de réclamer en vain (2). De guerre lasse, à la fin de l'année scolaire, le professeur de mathématiques, Oberlin, déclare qu'il va partir sans même attendre qu'on lui ait donné un successeur ; il ne consent à ajourner son départ que

du cours de législation). Cette difficulté de trouver un professeur de législation ne fut pas particulière à l'école de Lille. Rœderer disait en l'an X : « Il ne s'est trouvé pour cet enseignement que très peu de professeurs et encore moins d'élèves. » (Moniteur, 12 floréal an X).

(1) A. D. Nord, L, 293, f° 136 v., Lettre au Ministre de l'Intérieur, 20 ventôse an V.

(2) L, 394, f° 38, Réclamation des professeurs, 6 prairial an V.

sur les instances de ses élèves (1). De nouveau le directoire départemental s'adresse au Ministre de l'Intérieur (2), qui demande encore de nouveaux délais.

Le paiement, dit-il, doit se faire sur les contributions additionnelles ; vous observerez qu'elles ne viennent que d'être décrétées et que les rôles définitifs ne peuvent encore être mis en mouvement. Vous jugerez par là... que nous n'avons aucun centime additionnel de disponible (3).

L'année scolaire va donc se terminer et les traitements restent impayés. Le 27 fructidor, Girard-Janin réclame l'intervention de son ami Saladin, devenu commissaire du directoire exécutif près l'administration centrale du département, pour obtenir « au moins quelques comptes » (sic) dont il a grand besoin. Il ajoute :

L'intérêt, l'amitié dont vous m'avez donné des marques sont pour moi des garants de votre bonne volonté. Rappelez aux administrateurs qu'il nous est dû actuellement un an de notre traitement et que nous n'avons pas l'honneur d'être riches dans ce siècle où on le devient à si bon marché.

L'ami répond ces quelques mots : « Il n'y a pas de fonds (4). » Le lendemain du jour où cette lettre est écrite, le Ministre de l'Intérieur annonce l'ouverture d'un crédit de 4.050 livres pour les dépenses de l'École. Les professeurs n'en touchent qu'une partie, l'autre restant affectée aux dépenses de l'établissement (5). Le 3 vendémiaire an VI, il leur est dû encore le salaire de deux

(1) L., 279, f° 43 v., Lettre du direct. départ. à Oberlin, 4 messidor an V.

(2) Ibid., f° 57, Lettre au Ministre de l'Intérieur, 3 messidor an V.

(3) Ibid., f° 68 v., Lettre du direct. départ. aux professeurs, 1er fructidor an V.

(4) L., 1038, dos. 3.

(5) L., 395, f° 64.

11

trimestres de l'an V (1), et comme, trois mois après, aucun paiement n'a été fait, Girard-Janin fait encore intervenir Saladin :

Veuillez interposer votre autorité pour me faire payer. Nous comptons encore dix mois d'arriéré et vous sentez qu'il est impossible que nous nous livrions en entier à la tâche pénible qui nous est confiée, si nous sommes continuellement distraits par le malaise de notre situation. L'étude ne peut s'allier avec les soucis (2).

Saladin avoue son impuissance :

Quant au traitement des professeurs, il ne peut s'effectuer que sur des crédits du ministre. Le dernier crédit a été distribué. Depuis, le quatrième bureau a écrit diverses fois au ministre et, en dernier lieu, il a envoyé au ministre une réclamation des professeurs, qui a été fortement appuyée par l'administration. Le ministre n'a pas répondu. Tout ce que l'on peut faire, c'est d'écrire de nouveau au ministre, s'il ne répond pas sous peu (3).

Le 21 nivôse, le directoire adresse donc une nouvelle plainte au ministre (4) qui s'exécute péniblement en avançant 4.050 livres (5). Encore cette mesure n'a-t-elle pas, à ses yeux, « d'autre but que de prévenir le découragement et les réclamations des fonctionnaires de l'enseignement public (6). » Le 14 fructidor, il ouvre aux professeurs de nouveaux crédits, grâce auxquels ils

(1) L, 279, fᵒ 87, *Lettre du direct. départ. aux professeurs*, 3 vendémiaire an VI.

(2) L, 1443 oct., dos. 5, 30 frimaire an VI.

(3) *Ibid.*, Note signée *Saladin* au verso de la lettre de Girard-Janin.

(4) L, 279, fᵒ 158 v., *Lettre du direct. départ. au Ministre de l'Intérieur*, 22 nivôse an VI.

(5) L, 1039, dos. 1, *Circulaire ministérielle*, 20 pluviôse an VI.

(6) *Ibid.*

entrent en possession de leur traitement de l'an VI (1).
Mais il leur reste encore à toucher des arriérés de
l'an V (2), et, en outre, c'est 2.000 livres seulement qui
leur ont été payées pour l'an VI, au lieu de 3.000 (3).
Ils protestent et reçoivent satisfaction, le 30 vendémiaire
an VII (4). Mais, jusqu'à la fin, ils doivent continuer de
mendier l'argent dont ils ont besoin, et sept fois encore
en deux ans, ils assaillent le directoire départemental de
leurs pétitions (5).

Si le malaise de l'école se traduit par le caractère
incomplet de l'enseignement et la gêne matérielle des
professeurs, il se manifeste aussi par une pénurie
d'écoliers. La municipalité constate que c'est « en petit
nombre » qu'ils viennent s'asseoir sur les bancs, en
l'an V (6). L'année suivante pourtant, le directoire
départemental constate avec plaisir que l'enseignement
« commence à être suivi avec succès (7) », cependant
qu'un professeur écrit que « les cours sont toujours peu
nombreux (8). » Et en effet des chiffres exacts prouvent

(1) L, 291, f° 46 r., *Lettre du direct. départ. aux professeurs*, 13 fructidor an VI ; L, 1039, dos. 1, *Circulaire ministérielle*, 14 fructidor an VI.

(2) *Ibid.*

(3) *Ibid.* Les professeurs des villes de plus de 50.000 âmes devaient recevoir 3.000 livres ; ceux des villes moins importantes, seulement 2.000. (Cf. AULARD, *op. cit.*, p. 20)

(4) L, 393, f° 148.

(5) Le 6 brumaire an VII (L, 291, f° 73 r.), le 4 nivôse (L, 397, f° 162), le 5 germinal (L, 396, f° 7), le 8 messidor (*ibid.*, f° 33), le 25 fructidor (*ibid.*, f° 48), le 14 nivôse an VIII (*ibid.*, f° 65), le 20 germinal (*ibid.*, f° 82), le 14 brumaire an IX (*ibid.*, f° 87), le 23 ventôse (*ibid.*, f° 141).

(6) Cf. LECLAIR, *op. cit.*, p. 65. *Rapport de la municipalité sur l'École centrale*, 13 nivôse an VI.

(7) A. D. Nord, L, 279, f° 96, *Lettre du direct. départ. à la municipalité de Lille*, 14 vendémiaire an VI.

(8) L, 1443 oct., dos. 5, *Lettre au commissaire exécutif près l'administration centrale du département*, 30 frimaire an VI.

éloquemment à quel point les populations restent indiffé-
rentes vis-à-vis de l'école. Au milieu de l'année scolaire
an VI, 66 élèves suivent le cours de dessin ; 6, dont un
élève-chirurgien et 2 étudiants en pharmacie, font des
sciences naturelles ; 15, des langues anciennes ; 30, des
mathématiques ; 4, de la grammaire générale ; 16, des
belles-lettres ; 3, de l'histoire. Au total, 157 écoliers,
mais comme plusieurs d'entre eux sont inscrits simulta-
nément à différents cours, le chiffre réel est de 111 (1).
Il est un peu plus élevé en l'an X ; on compte alors
100 élèves dans les classes de dessin, d'histoire naturelle
et de langues anciennes ; 60 dans celles de mathématiques,
de belles-lettres et de physique ; 40 étudient la législation,
l'histoire et la grammaire générale : soit en tout 200 (2).
Mais ce chiffre, selon nous, devrait être réduit d'un
cinquième au moins, puisque, comme en l'an VI, des
cours différents sont suivis par les mêmes écoliers. Notre
façon de voir est confirmée d'ailleurs par cette déclara-
tion du préfet Dieudonné : « Le nombre des élèves
n'a jamais été considérable, il ne s'est jamais élevé
à 200 (3). »

Rechercher la cause de ce malaise de l'École centrale
de Lille, c'est faire de l'organisme scolaire établi par
la Convention une critique que beaucoup d'autres ont
faite avant nous et que nous ne voulons pas recommencer
dans le détail. Parmi les contemporains des Écoles centrales, les uns, comme Fourcroy, lui ont reconnu cette
qualité d'avoir fait connaître le prix des sciences exactes
et des sciences d'observation, d'avoir modernisé les

(1) Cf. LECLAIR, op. cit., p. 73-76, Liste des élèves, 13 germinal
an VI.
(2) Ibid., p. 20, Tableau, 16 pluviôse an X.
(3) Cf. DIEUDONNÉ, op. cit., t. III, p. 152.

études, d'avoir appliqué l'idée d'un enseignement à la fois encyclopédique et spécial ; d'autres, au contraire, comme Rœderer, lui ont reproché une dilatation trop grande des programmes qui tendait à métamorphoser les écoliers en « encyclopédies vivantes (1) » ; d'autres, enfin, ont dénigré l'organisation des cours des belles-lettres, de législation et envisagé la vogue presque exclu-sive du dessin comme « un présage certain de la décadence de l'enseignement parmi nous (2). » Nos contemporains, à nous, ont constaté aussi la prédominance des sciences d'observation (dessin, histoire naturelle, physique) et le peu d'attrait des élèves pour les belles-lettres (3), l'in-suffisance du nombre des cours de langues anciennes (4), l'abandon par les écoliers des études historiques (5), etc.

Notre intention est de nous borner uniquement à la recherche des causes qui, suivant l'expression du préfet Dieudonné, ont empêché l'École centrale de Lille de « produire tout le bien qu'on en espérait (6). »

Si les élèves sont peu nombreux, c'est d'abord parce que l'École est un simple externat, que seuls les jeunes gens de Lille et des environs peuvent fréquenter (7). Une autre cause est évidemment l'état d'esprit des populations du Nord, profondément conservatrices et religieuses, qui se défient de l'enseignement athée et matérialiste des

(1) Cf. AULARD, op. cit., p. 31.

(2) Cf. de DELLARD, professeur à l'École centrale de Seine-et-Oise, la brochure intitulée Observations sur les Écoles centrales. Paris, an IX, in-12, passim.

(3) Cf. ALLAIN, L'Œuvre scolaire de la Révolution, les Écoles cen-trales, p. 18-19.

(4) Ibid., p. 11-12.

(5) On a vu plus haut qu'en l'an VI, trois élèves seulement sui-vent le cours d'histoire.

(6) Cf. DIEUDONNÉ, op. cit., t. III, p. 152.

(7) Cf. LECLAIR, op. cit., p. 65, Rapport de la municipalité sur l'École centrale, 13 nivôse an VI.

professeurs. Ceux-ci, comme tous leurs collègues des
autres écoles, obéissent à cette circulaire envoyée le 17
vendémiaire an VII, par le Ministre de l'Intérieur François de Neufchateau :

> Vous devez écarter de vos instructions tout ce qui appar-
> tient aux dogmes et aux rites des cultes ou sectes quel-
> conques. La Constitution les tolère sans doute, mais leur
> enseignement n'est pas l'enseignement public et ne peut
> jamais l'être. La Constitution est fondée sur les bases de la
> morale universelle : c'est donc cette morale de tous les
> temps, de tous les lieux et de toutes les religions, c'est cette
> loi gravée sur les tables du genre humain, c'est elle qui doit
> être l'âme de vos leçons, l'objet de vos préceptes et le lien
> de vos études, comme elle fait le nœud de la société (1).

Conformément à l'arrêté du directoire départemental,
en date du 3 frimaire an VII, ils font célébrer par leurs
élèves, le 2 pluviôse, « l'anniversaire de la juste punition
du dernier roi des Français », chantent avec eux l'hymne
à la patrie, avec eux prêtent le serment de haine à la
royauté et à l'anarchie, et de fidélité à la République et à
la Constitution de l'an III, « formulent des imprécations
contre les parjures et des invocations à l'Etre suprê-
me (2). » A de pareils maîtres les parents hésitent à
confier leurs enfants :

> Les cours sont toujours peu nombreux, écrit Girard-
> Janin, le 30 frimaire an VII. Je ne balance point à en assigner
> la cause à la roideur de l'opinion publique qui ne cesse
> d'opposer des obstacles à l'action du gouvernement et à
> l'établissement des institutions républicaines. En général,
> nous sommes regardés comme des foyers de peste dont on
> redoute le contact dangereux. Le 18 fructidor n'a presque
> corrigé personne : les seuls républicains en bénissent les

(1) Cf. AULARD, op. cit., p. 5.
(2) A. D. Nord, L,291, f° 104 v., Lettre du direct. départ. aux
professeurs, 21 frimaire an VII.

effets, mais ils n'ont la majorité qu'en force et en courage
et point en nombre (1).

Il est bien vrai en effet que la population lilloise est
en grande majorité hostile au nouveau régime. La municipalité elle même est suspecte au directoire départemental qui lui reproche son peu d'empressement à
célébrer avec éclat la fête du décadi :

Au plus huit maisons ont été décorées du drapeau trico-
lore. Il est inconcevable qu'une commune aussi populeuse,
dont les habitants ont donné, dans plusieurs circonstances,
des preuves de leur attachement à la Révolution, soit tombée
tout à coup dans une apathie aussi désespérante. La cause
n'en serait-elle pas dans l'indifférence des fonctionnaires
publics (2) ?

La bourgeoisie du Nord se défie aussi des nouvelles
méthodes d'enseignement et de l'organisation des études
à l'Ecole centrale. Les vices de cette organisation, la
municipalité les dénonce au département dans son
rapport du 13 nivôse an VI. Elle ne discute pas la valeur
professionnelle des professeurs, auxquels elle rend
hommage, mais elle craint que leurs efforts ne soit
stériles (3) :

Elle remarque, dit-elle, le vide immense qui se trouve
entre les écoles primaires et celles centrales. Ces dernières
présupposent dans les élèves qui s'y présentent des connaissances élémentaires qui n'exigent pas des professeurs de
leur apprendre les mots quand ils ne doivent avoir qu'à
leur expliquer les choses. L'expérience a fait connaître à

(1) A. D. Nord, 1., 1443 oct., dos. 5, *Lettre à Saladin*, 30 frimaire
an VI.
(2) L., 279, f° 146, *Lettre du direct. départ.*, 4 nivôse an VI.
(3) « Les professeurs ont mérité les éloges publics pour les
soins qu'ils prennent de leurs élèves et pour le succès qu'ils en
ont obtenu... mais ces succès auraient pu être plus grands
encore » — Cf. LECLAIR, *op. cit.*, p. 68, *Rapport*, 13 nivôse an VI.

tout le monde qu'il serait nécessaire d'avoir des écoles inter-
médiaires qui reçussent les élèves des mains des instituteurs primaires lorsque ces élèves sortis de la première
enfance sont susceptibles de quelque attention d'esprit pour
leur donner la clef d'instruction qui doivent suivre et les
mettre à même d'en profiter (1).

De ce « vide immense » qui existe entre l'enseignement primaire et celui de son École centrale, elle constate
les effets désastreux dans le cours des belles-lettres et de
la grammaire générale :

L'enseignement de l'instituteur ne va pas au-dessus de la
grammaire simple ou de la syntaxe, mais de là à la grammaire raisonnée, à la rhétorique ou aux belles-lettres, il y
a extrêmement loin et cette lacune, en la forme actuelle de
l'instruction, se fait sentir d'une telle manière que, tandis
que le professeur perd à des explications en-dessous de sa
sphère un temps long et précieux, il ne peut donner d'instruction aux élèves plus avancés qui languissent dans
l'attente et terminent leur cours sans savoir ce qu'ils
auraient dû avoir appris (2).

Elle les retrouve aussi dans les classes de mathématiques :

Dans les mathématiques, tout ce que l'instituteur peut
enseigner, ce sont les définitions des mots techniques, celles
des grandeurs, l'introduction des nombres et quelques
notions légères de géométrie ordinaire. La distance est
presque infinie entre ces faibles connaissances souvent
trop élevées pour des jeunes écoliers et cet art sublime qui
conduit l'esprit de vérités en vérités, de découvertes en
découvertes, qui fait paraître devant lui tout ce que l'esprit
humain peut concevoir et analyser.

Elle réclame un second professeur qui puisse expliquer

(1) Cf. Leclair, op. cit., p. 65.
(2) Ibid., p. 66.

aux écoliers plus jeunes les notions indispensables, tra-
pèzes, plans, prismes, cylindres, sphères, grandeurs
algébriques, fractions décimales et continues, etc... (1).
L'organisation vicieuse de son école, c'est encore, d'après
elle, « le manque de gradation dans les études », et la
liberté anarchique dont jouissent les élèves de choisir les
matières qu'il leur plaît d'apprendre.

Il est instant d'établir une gradation d'études, c'est-à-dire,
de prescrire pour toutes les classes qui ont entre elles
quelque analogie, un ordre indispensable pour que les
élèves, n'étant plus abandonnés à leur propre choix, ne
commencent pas par où ils devraient finir (2).

Elle trouve aussi qu'un seul professeur de langues
anciennes ne peut suffire.

Aujourd'hui que le cours recommence tous les douze
mois, le professeur est obligé de répéter pour les élèves
nouveaux les mêmes choses qu'il a enseignées l'année
d'auparavant et l'élève ancien rencontre dans cet enseigne·
ment un terme au-delà duquel son professeur ne peut le
conduire, sans abandonner à l'ignorance ceux qui sont
moins avancés (3).

D'autre part, elle constate que « la discipline a été, en
l'an V, facile à observer à cause du petit nombre des
élèves », mais si « aucune plainte des professeurs... ou
des parents ne s'est produite », elle n'en regrette pas
moins l'inexactitude des maîtres et des écoliers, et les
dégradations commises par ces derniers au matériel de
l'école (4).

Elle aurait pu critiquer aussi le manque d'assiduité

(1) Cf. LECLAIR, op. cit., p. 76-67.
(2) Ibid., p. 67.
(3) Ibid., p. 68.
(4) Ibid., p. 65.

des jeunes citoyens abusant en trop grand nombre de la
liberté qui leur était laissée de suivre les cours : sur
15 élèves de langues anciennes, en l'an VI, 8 sont
qualifiés peu exacts par le professeur ; sur 39, en mathématiques, 16 ne sont pas assidus et 5 disparaissent ; dans
la classe de belles-lettres qui en compte 16, 4 sont pré-
sents d'une façon intermittente et 6 ne fournissent
qu'un travail irrégulier (1).

Pour remédier à cette situation difficile de l'Ecole
centrale des améliorations furent-elles apportées à son
organisation ? Il ne pouvait naturellement être question
de modifier le plan d'études établi par la loi du 3 brumaire an IV, mais cependant des efforts furent tentés
pour augmenter la population scolaire.

En instituant les Ecoles centrales, la Convention n'avait
pas frappé d'ostracisme l'enseignement libre. Plusieurs
pensionnats ont donc été établis à Lille (2) ; nous savons
aussi qu'il en existe un à Cambrai (3) et un à Solre-le-
Château (4). Pour rivaliser avec ces maisons privées, le
département se rend bien compte qu'il est nécessaire
d'annexer un pensionnat à son école :

Le meilleur moyen de multiplier le nombre des élèves,
écrivait-il à la municipalité, le 14 vendémiaire an VI, est
sans doute l'établissement des pensionnats... Il nous semble que la fréquentation de l'Ecole centrale par les étrangers
et même par les citoyens des villes voisines doit tenir à ces
établissements (5).

(1) Cf. LECLAIR, *op. cit.*, p. 73-76, *Liste des élèves de l'Ecole
centrale*, 13 germinal an VI.
(2) L, 1413, dos. 5.
(3) A. D. Nord, L, Lille, 211.
(4) L, 1413, dos. 5
(5) L, 279, f° 96.

La municipalité de Lille est bien de cet avis :

Il se trouve plusieurs pensionnats en cette commune, déclare-t-elle dans son rapport du 13 nivôse an VI (1), mais la même raison qui donne lieu de nous plaindre des instituteurs privés existe contre ces établissements, qui, n'étant assujétis à aucune règle générale, renferment dans leurs seins *(sic)* tous les genres d'instruction qui leur conviennent et contribuent ainsi à empêcher la fréquentation des écoles publiques.

Elle représente ensuite que la création d'un pensionnat officiel offre plusieurs avantages : les jeunes gens viendront plus nombreux à l'École centrale ; ils vivront « sous les yeux d'hommes qui ne détruisent pas en eux, hors des écoles, les principes républicains qu'on leur aura inculqués. » Elle réclame enfin la suppression « de ces établissements parasites qui ne subsistent qu'au détriment de ceux nationaux » *(sic)*.

Influencé sans doute par le rapport de la municipalité de Lille, le Ministre de l'Intérieur invite, le 25 frimaire an VII, tous les professeurs de l'école « à s'occuper, de concert avec l'administration centrale, des moyens d'établir un pensionnat (2). » Cette invitation, ils la communiquent à la municipalité dont, en même temps, ils réclament l'appui, pour « obtenir de l'administration départementale les moyens de seconder les vues du gouvernement (3). » Les « moyens » qu'ils sollicitent sont vraisemblablement d'ordre pécuniaire et ne leur sont pas accordés (4). Une année se passe en pourparlers inutiles.

(1) Cf. LECLAIR, *op. cit.*, p. 70.

(2) *Ibid.*, p. 70.

(3) *Ibid.*, p. 93 ; A. D. Nord, L., Lille, 211, *Lettre des professeurs à la municipalité*, 29 frimaire an VII.

(4) « Le ministre, écrivaient les professeurs au directoire départemental, le 15 pluviôse, nous avait fortement invités à faire tous nos efforts pour élever cet établissement. Mais vous n'ignorez point que des vœux seuls ne pouvaient suffire et que cependant nous avons été bornés à cela » (A. D. Nord, L., 1038, dos. 3).

Enfin, le professeur de physique, Duriez, entreprend, le
15 pluviôse an VIII, sur les instances de ses collègues, de
créer le pensionnat « à ses risques et périls (1). » Des
placards sont distribués annonçant l'ouverture de la
maison pour le 1er germinal suivant (2).

En même temps qu'il encourage la création d'un pensionnat, le directoire prend des mesures pour assurer
aux élèves des Ecoles centrales les libéralités gouverne-
mentales. Par son arrêté du 27 brumaire an VI, il décide
que quiconque voudra obtenir une place ou un emploi
salarié par l'Etat, devra justifier qu'il a fréquenté « l'une
des Ecoles centrales de la République (3) » et réclame
des professeurs l'envoi trimestriel de la liste de leurs
élèves, avec leur appréciation sur chacun d'eux (4).
D'autre part il inaugure une politique tracassière vis-à-
vis des établissements libres. Dans un sens malveillant
pour ces derniers, il interprète l'article 356 de la Constitution de l'an III ainsi conçu : « La loi surveille particulièrement les professions qui intéressent les mœurs
publiques, la sécurité et la santé des citoyens (5) » et
promulgue l'arrêté du 17 pluviôse an VI qui oblige les
administrations départementales à exercer une surveillance étroite sur les écoles particulières, « repaires du
fanatisme royal et superstitieux (6). » En transmettant

(1) A. D. Nord, L, 1038, dos. 3.

(2) L, 1031, dos. 2, placard.

(3) A. D. Nord, L, 153, dos. 3 ; L, Lille, 212, *Circulaire*. — Cf.
AULARD, *op. cit.*, p. 6.

(4) A. D. Nord, L, 279, f° 232, *Lettre*, 14 prairial an VI. — Les
professeurs de Lille envoyèrent régulièrement cette liste de leurs
élèves. V. L, 396, f° 49 et 156 ; L, 291, f° 102 r. ; L, 396, f° 13 ; L, 291,
f° 169 v. ; L, 295, f° 48 v. ; L, 396, f° 58 et 112.

(5) Cf. AULARD, *op. cit.*, p. 4.

(6) A. D. Nord, L, 1030, dos. 2, *Circulaire du ministre Letourneux.*

l'ordre du ministre aux administrations municipales, le
directoire du département du Nord vante l'excellence de
l'enseignement de son École centrale (1) :

Il est facile, écrit-il, de voir combien l'instruction actuelle
l'emporte sur la routine des anciennes études qui se trai-
naient péniblement, pendant tout le temps du jeune âge
sur l'étude du latin.

A son avis, « cette instruction actuelle » n'a « à
combattre qu'une seule objection et cette objection est
tirée de cette espèce de préjugés qui donne trop d'attachement à certaines idées religieuses, mais il est facile
de voir que la Constitution française adoptant tous les
cultes également, la bonne morale, fondée sur les idées
simples du juste et de l'injuste, étant la même dans toutes
les régions et l'enseignement d'aujourd'hui étant indé-
pendant de tout culte, les pères de famille ne sont
contrariés en rien sur les préceptes de croyance qu'ils
peuvent donner à leurs enfants. » Il termine en recom-
mandant « aux administrateurs municipaux et autres
agents de la République de surveiller soigneusement...
les maisons d'éducation particulière », d'encourager de
tout leur pouvoir ceux qui professent l'amour de la
République et « de réprimer ceux qui s'en déclarent
l'ennemi (sic), soit par leur discours, soit par leur
conduite. »

Ni la création des pensionnats, ni les deux arrêtés du
27 brumaire et du 27 pluviôse an VI ne font sortir de
sa médiocrité l'École centrale de Lille qui, en l'an X,
groupe péniblement 160 élèves environ (2). D'ailleurs,
à cette époque elle ne jouit déjà plus de l'appui gouver-

(1) L, 279, f° 170 v., Circulaire, 27 pluviôse an VI.
(2) V. plus haut, p. 161.

nemental. Le premier consul est hostile à la législation scolaire de la Convention et par une série de mesures qu'il a prises, sous prétexte d'économie, les professeurs de Lille peuvent bien deviner que la fin de leur établissement n'est pas lointaine. Le 24 germinal an VIII, le préfet du Nord a été invité « à réformer dans l'école tout ce qui tient à un luxe inutile et à n'y conserver que les agents absolument nécessaires (1) », le 6 floréal, il a été avisé que les vingt boursiers du pensionnat de l'école ne seraient plus dorénavant entretenus aux frais du gouvernement (2) ; le 7 frimaire an IX, son arrêté qui accorde une indemnité aux professeurs logés hors de l'école n'est pas approuvé par le ministre (3).

Aussi bien, parle-t-on déjà beaucoup d'une réforme de l'enseignement secondaire. Une réaction s'est produite contre les Ecoles centrales ; on réclame le retour aux vieilles méthodes ; de nouveaux projets d'organisation scolaire sont à l'étude. Le ministre de l'Intérieur Chaptal en avait présenté un que le premier consul avait rejeté ; le conseiller d'Etat Fourcroy en préparait un autre qui devait aboutir (4). L'opinion publique dans le Nord est nettement favorable à une réforme. En l'an IX, le préfet Dieudonné ayant commencé, conformément aux ordres du ministre, une vaste enquête sur l'enseignement secondaire, peut se convaincre que ses administrés réclament autre chose que l'Ecole centrale. Du Conseil d'arrondissement de Lille, il reçoit cette réponse :

Nos dissensions intestines, nos convulsions politiques, les malheurs publics et privés qui en sont la suite, les

(1) A. D. Nord, L, 390, f° 63.
(2) *Ibid.*, p. 81.
(3) *Ibid.*, p. 100.
(4) Cf. AULARD, *op. cit.*, p. 47-48.

changements arrivés dans l'organisation des écoles, les différentes branches d'enseignement que la loi a établies et que la routine ne connaissait pas, le peu de considération dont on a entouré les professeurs ; voilà les causes qui ont retardé l'instruction publique. On ne peut se dissimuler cependant, et c'est l'opinion des membres du Conseil, que les anciens collèges, tels qu'ils étaient établis, avaient des avantages. Les élèves, en entrant au collège en bas âge et en passant naturellement de degré en degré d'instruction, développaient leur intelligence : l'ordre qui y régnait tranquillisait les parents. D'ailleurs un professeur de langues anciennes à l'Ecole centrale ne suffit pas pour l'arrondissement de Lille dont la population est de près de 240.000 âmes : cela est senti par tous ceux qui ont fait des études. Le Conseil émet le vœu de voir établir à Lille un collège, tel qu'il était avant l'établissement de l'Ecole centrale, en conservant néanmoins ce dernier établissement (1).

L'assemblée départementale consultée, elle aussi, par le préfet, en l'an IX, n'énonce, de son côté, aucun grief contre son Ecole centrale qu'elle désire conserver ; mais, comme le Conseil d'arrondissement de Lille, elle réclame des écoles secondaires dans les chefs-lieux d'arrondissement, et la restauration des anciens collèges (2). Conformément à ses vœux, le préfet du Nord écrit au maire de Lille, à deux reprises, le 4 vendémiaire et le 1er frimaire an X, afin d'obtenir des renseignements sur les anciens collèges qui existaient avant 1789 (3). Signes précurseurs de la disparition prochaine de l'Ecole centrale !

(1) Document extrait d'ALLAIN, *L'Œuvre scolaire et la Révolution, Lettres et documents,* Appendice, p. 383.

(2) Cf. ALLAIN, *op. cit.,* p. 313.

(3) A. D. Nord, 1., 1032, dos. 1.

CONCLUSION

Le rapport de Fourcroy, remanié et adopté, devient la loi du 11 floréal an X qui institue une nouvelle organisation scolaire. Les Ecoles centrales doivent disparaître pour laisser la place à deux catégories d'établissements secondaires, la première comprenant des lycées, l'autre les collèges communaux ou privés. « A mesure que les lycées seront organisés, dit l'article 22, le gouvernement déterminera celles des Ecoles centrales qui devront cesser leur fonction. » Le 24 vendémiaire an XI, un arrêté des consuls établit un lycée à Douai et décrète la suppression de l'Ecole centrale de Lille pour le 1er germinal (1). Hâtivement le préfet du Nord prend des dispositions pour faire mettre en état le vieux collège d'Anchin désigné pour servir à l'intallation du nouveau lycée. Mais les travaux n'avancent que lentement et le 10 ventôse an II, il écrit au conseiller d'Etat que l'aménagement ne sera pas achevé à temps :

La rigueur de la saison n'a pas permis de travailler aux bâtiments, en sorte qu'il est physiquement impossible que l'ouverture du lycée ait lieu à l'époque prescrite. Si, malgré ces circonstances, l'arrêté des consuls devait recevoir son exécution pour la clôture de l'Ecole centrale, il en résulterait une lacune infiniment préjudiciable aux progrès des élèves qui fréquentent cette Ecole. Quoique j'aie lieu de penser que le gouvernement ne veut pas qu'il y ait aucune interruption dans l'enseignement, je ne crois pas pouvoir prescrire la

(1) *Bulletin des lois*, 3° série, t. VII, p. 113.

continuation des cours de l'Ecole centrale et faire payer le
traitement des professeurs sans autorisation. Veuillez,
citoyen conseiller d'Etat, me la donner le plutôt *(sic)* possible afin que l'instruction ne souffre pas (1).

Les professeurs de l'Ecole centrale offrent cependant
de continuer leurs classes. Mais qui les paiera ? La
Commission chargée de l'organisation des lycées n'ose,
pas plus que le préfet, leur promettre un traitement (2).
Le conseiller d'Etat chargé de l'instruction publique leur
fait savoir que « le terme fixé par l'arrêté des consuls
est de rigueur », et qu'il peut « d'autant moins autoriser
les délais ... qu'à partir de l'époque prescrite pour la
clôture des Ecoles centrales, les fonds ne sont plus appli-
cables qu'aux lycées et que l'ordre général de la compta-
bilité interdit la moindre exception à cet égard. » Si les
professeurs de l'Ecole centrale offrent de continuer leurs
classes, conseille-t-il, il faut profiter de leur bonne volonté
mais « c'est aux élèves à reconnaître le généreux
dévouement de ces professeurs (3). »

Le conseiller d'Etat laisse donc bien entendre que le
trésor public ne s'ouvrira plus pour les professeurs de
l'Ecole centrale. Ceux-ci continuent d'enseigner, mais ils
sont payés par la municipalité de Lille, en vertu de
l'arrêté préfectoral du 23 floréal an XI (4).

Telle fut la fin de l'Ecole centrale de Lille. Nous ignorons quel jour elle ferma définitivement ses portes et ce
que devinrent la plupart de ses professeurs (5).

(1) Arch. nat., F¹⁷, 1341²⁵.
(2) *Ibid., Lettre de la Commission chargée de l'organisation des lycées de Bruxelles et de Douai*, 20 ventôse an XI.
(3) *Ibid., Lettre du Conseiller d'Etat*, 30 ventôse an XI.
(4) Cf. LECLAIR, *op. cit.*, p. 20-21.
(5) Guffroy-Vanghelle devint président de l'Académie de Limo-
ges (Arch. comm. de Douai, K ⁴, dos 4) et Waeles obtint une
place au collège ressuscité de Bergues. (Arch. comm. de Bergues,

`Elle ne fut pas regrettée, puisqu'avec elle disparaissait l'interdiction faite aux petites cités, souvent orgueilleuses et jalouses, d'avoir chacune leur collège.

Cette loi (11 floréal), dit le préfet Dieudonné, a rempli les vœux de tous les bons citoyens et excité la plus vive émulation. Toutes les villes du département veulent avoir des écoles secondaires, et, quoiqu'il y ait déjà plusieurs établissements qui en tiennent lieu, l'on voit le plus noble empressement à multiplier les sources de l'instruction (1).

Tous les vieux collèges ne furent pourtant pas rétablis, les municipalités besogneuses étant aussi incapables de les soutenir qu'en 1790. Quelques-uns seulement reparurent immédiatement après la loi. A Valenciennes, la municipalité, qui, dès frimaire an X, espérait se voir octroyer un lycée, avait fait ouvrir un cours public et gratuit de langue française et latine, et annonçait que des leçons d'anglais seraient bientôt commencées (2). A Dunkerque, le sous-préfet ordonna d'établir l'école secondaire « dans les bâtiments du ci-devant collège (3). » A Bergues, dans le vieux collège rétabli par l'arrêté de Bonaparte, en date du 11 germinal an XI, les classes recommencèrent le 10 frimaire (4). A Tourcoing, l'ancien collège des Récollets, devenu l'école

Registre du bureau d'administration, 15 messidor an X). Duriez conserva son pensionnat qui devint un établissement d'enseignement (v. p. 179).

(1) Cf. DIEUDONNÉ, *op. cit.,* t. III, p. 160.

(2) Arch. comm. de Douai, K 4, dos. 4, *Placard de la municipalité de Valenciennes,* 27 frimaire an X; Arch. comm. de Valenciennes, K 37, *Extrait du registre aux délibérations des consuls,* 30 vendémiaire an XI; *Lettre de Richardson qui demande la place de professeur d'anglais,* 13 thermidor an XI, orig. pap.

(3) Arch. comm. de Dunkerque, K, 69, 3 thermidor an XI.

(4) Arch. comm. de Bergues, *Registre du bureau d'administration du collège,* 15 messidor an XI; *Dossier du collège,* 1790-1821, non classé.

secondaire municipale, autorisé par décret du 29 nivôse an XII, reprit, avec les mêmes professeurs qu'en 1789, son enseignement interrompu depuis quatorze ans (1). Estaires fut aussi restauré sans retard (2). A Lille, trois collèges fonctionnaient en 1802. Ils étaient respectivement dirigés par les citoyens Gosse, Bonnier et Duriez. Ce dernier est sans doute le directeur de l'ancien pensionnat annexé à l'Ecole centrale, et qui, professeur lui-même, avait transformé sa maison en établissement d'instruction secondaire (3).

Il n'entre pas dans le cadre de ce travail d'étudier par le menu le programme scolaire des nouveaux établissements ; nous pouvons dire cependant qu'il constitue un recul sur celui des Ecoles centrales. Plus de chaire de morale et de législation ; plus de professeur d'histoire, plus de professeur de grammaire générale (4). Le législateur s'est proposé de faire renaître l'étude des lettres latines et grecques qui doit, à ses yeux, servir de base à l'instruction classique des écoliers (5). Ceux-ci, après avoir appris la grammaire française, entrent dans la première série des humanités. Ils étudient le latin dans toutes les classes, depuis la sixième jusqu'à la fin de la rhétorique, et le grec dès la quatrième. Mais les expli-

(1) Cf. LECOMTE, op. cit., p. 335.

(2) DELAMOTTE et LOISEL, Les origines du lycée de Saint-Omer. Saint-Omer, 1910, in-8°, p. 335.

(3) J. REGNAULT-WARIN, Lille ancienne et moderne. Lille, 1803, in-12, p. 180-181.

(4) PICAVET, Les Idéologues ; Essai sur l'histoire des idées et des théories scientifiques, philosophiques, religieuses, etc... en France, depuis 1789, p. 62-63.

(5) La Commission chargée, par l'arrêté du 27 frimaire an XI, du choix des livres classiques, avait décidé que la connaissance du latin et du grec « ferait toujours la partie principale de l'enseignement » (Arch. comm. de Valenciennes, K³, 8, Rapport de la Commission, p. 14 et 16).

cations leur sont données en français (1). Ils assistent,
dans toutes les classes, à des leçons d'arithmétique ; de
géographie, en quatrième ; d'histoire ancienne et de
chronologie, en troisième ; d'histoire générale, en seconde ;
d'histoire de France « jusqu'à l'Empire français »,
en rhétorique. La rhétorique terminée, ils entrent dans
la deuxième série dont le programme ne comporte plus
que la philosophie, la physique, la chimie et les mathématiques (arithmétique, géométrie, trigonométrie) (2).

Du programme des Écoles centrales, l'enseignement
nouveau a donc conservé ce qui était excellent, à savoir,
les sciences mathématiques et physiques et la manière
d'apprendre les langues anciennes. Mais il a su aussi
emprunter aux méthodes des vieux régents d'avant 1789
ce qu'elles avaient d'avantageux : le principe de la culture
classique, la gradation des classes, l'obligation pour les
écoliers de suivre tous les cours ; la direction des établissements, non par les professeurs, mais par un personnage officiel (proviseur, principal, supérieur) ; enfin la
distribution plus large de l'instruction secondaire par
des maisons plus nombreuses.

En résumé, de la législation scolaire de la Convention
presque rien ne reste debout. Si les pédagogues du XVIIIᵉ
siècle avaient eu moins de confiance en la liberté humaine
et appliqué avec plus de modération leurs théories sur
l'enseignement et l'éducation de la jeunesse, peut-être les
Écoles centrales eussent-elles subsisté et se fussent-elles
multipliées, en France, après le rétablissement de l'ordre
et la reconstitution des finances publiques. Mais autant

(1) A Valenciennes, dès 1803, ils ont entre les mains la *Grammaire latine* de LHOMOND (*ibid.*).

(2) Arch. comm. de Valenciennes, Kᵃ, 8, *Rapport de la Commission, ibid.*

los vieux collèges étaient routiniers, autant elles péchaient par excès de nouveauté. Et c'est pourquoi la réaction contre leur système fut si violente et leur suppression si brutale.

VU ET LU :

Lille, le 19 Décembre 1911.

Le Doyen de la Faculté des Lettres de l'Université de Lille,

G. LEFÈVRE.

VU ET PERMIS D'IMPRIMER :

Lille, le 19 Décembre 1911.

Pour le Recteur :

L'Inspecteur d'Académie délégué,

P. DUBUC.

INDEX DES NOMS DE LIEUX ET DE PERSONNES

Les chiffres indiquent les pages; ceux qui sont compris entre des parenthèses renvoient aux notes.

H

Hazebrouck collège, 16, 19, 22, 26,
27, 31, 35, 58, 65, 70, 83, 90, 98,
116, 118, 119.
HAUTECŒUR, prof. à Avesnes, 27 (7).
HÉROGBIEZ, prof. à Douai, 101.
HERREIN, prof. à Bergues, 78, 82, 86.
Hondschoote collège, 16, 19, 22, 25,
28, 31, 35, 36 (4), 42, 43, 59, 60.
HORY, prof. à Valenciennes, 27 (3).
HUMBLOT, candidat à Lille, 80.

J

JARD-PANVILLIERS, représent. du peuple, 122, 123, 125, 126.
JORDAENS (J.), prof. à Bergues, 26 (9).

L

La Bassée collège, 18, 20, 23, 27,
28, 31, 33, 35, 36 (4), 38, 38 (4), 42,
59, 62.
LA CHALOTAIS, 43.
LAFCITE, candidat à Lille, 79.
LAKANAL, 122.
LALLEMAND, prof. à Valenciennes,
84, 85.
LAMBERT, prof. à Maubeuge, 84, 107.
LAMOUR, prof. à Orchies, 27 (10).
Landrecies, 19, 23, 28, 33, 58, 61.
LA PRÉVOTTE, prof. à Valenciennes,
27 (3).
LARGILLIÈRE, prof. au Quesnoy, 27 (9).
LAUVERS (P. Félix), prof. à Haze-
brouck, 27 (15).
LEBACQ, prof. à Lille, 26 (11).
LEBLOND, prof. à Maubeuge, 71 (2),
84, 103.
Le Cateau, 134; collège, 18, 26, 27,
28, 31, 35, 36, 59, 61.
LECLERCQ, sous-princ. à Lille, 26 (11),
57.
LEFÈBVRE, prof. à Lille, 26 (10).

LEFEBVRE, notaire à Lille, 123.
LEFRÈRE, sous-princ. à Valenciennes,
84.
LEGRAND, prof. à Douai, 83, 86, 100.
LEGROS, prof. à Maubeuge, 71 (2), 84,
83, 89, 93, 108.
LE HARDY, prévôt de Valenciennes,
73.
LEMAIRE, prof. à Dunkerque, 83.
LÉONET, princ. à Maubeuge, 27 (6).
LE PAS, princ. à Lille, 26 (11), 57.
Le Quesnoy collège, 19, 23, 26, 27,
29, 31, 33, 35, 36, 38 (5), 58, 61.
LERMUSEAU, prof. à Bailleul, 82, 86.
LEROUGE, sous-princ. à Lille, 84, 85,
91, 93, 102.
LEROUGE, prof. à Avesnes, 96.
LEROY, prof. à Lille, 26 (11), 57.
LEROY, botaniste de Bailleul, 111 (4).
LESAGE, 84, 87, 99, 102.
LESTIBOUDOIS, prof. à l'éc. centr., 48,
131, 137, 140, 159.
LIÉNART, prof. à Lille, 26 (10).
LIÉTARD, prof. à l'éc. centr., 152 (2).
LIÉZARD, prof. à Avesnes, 27 (7), 57.
Lille, 151, 157; coll. Saint-Pierre, 17,
23, 30, 33, 35, 36 (4), 37, 38, 39 (2),
41 (6), 42, 43, 47, 48 (1), 58, 63, 64,
105, 120, 138; coll. de la ville, 17,
19, 23, 24, 29, 35, 36 (4), 39 (2), 42,
57, 65, 105, 120; coll. national, 68,
75, 77, 84, 85, 87, 89, 91, 92, 93, 94,
96, 98, 99, 101, 102, 103, 106, 113,
114, 116, 120, 123 (2); éc. de botanique, 48; éc. de dessin, 48, 113;
éc. de math., 113; cahiers, 50; éc.
centr., 122, 123-181.
LINNÉ, 110.
LOCKE, 115, 118.
LORIUS, de Bergues, 76 (2).
LORAIN (E.), prof. à Lille, 79, 84, 85,
93, 95, 99, 102.
LORTHIOIR, princ. à Orchies, 27 (10).
LUCQ, maire de Maubeuge, 108.
LUX, prof. à Dunkerque, 26 (8).

ERRATA

Page 18, ligne 10, *au lieu de :* 6, *lire :* 7.
Page 39, ligne 3, *au lieu de :* classe, *lire :* classe.
Page 43, ligne 4, *au lieu de :* ils le parlent, *lire :* mais ils le parlent.
Page 79, ligne 3, *au lieu de :* Lorrain, *lire :* Lorain.
Page 103, ligne 4, *au lieu de :* Gohin, *lire :* Gohain.
Page 176, ligne 6, *au lieu de :* des lycées, *lire :* les lycées.

TABLE DES MATIÈRES

CHAPITRE IV

LA NOUVELLE ORGANISATION DE L'ENSEIGNEMENT SECONDAIRE.
LOI DU 7 VENTÔSE AN III. — LOI DU 3 BRUMAIRE AN IV

CHAPITRE V

L'ÉCOLE CENTRALE DE LILLE (10 NIVÔSE AN V-10 FLORÉAL AN X)

CHAPITRE VI

L'ÉCOLE CENTRALE DE LILLE (10 NIVÔSE AN V-10 FLORÉAL AN X)
(suite)

LILLE. — IMPRIMERIE VICTOR DUCOULOMBIER.